乐老师的家庭微教育
LELAOSHI DE JIATING WEIJIAOYU

乐善耀 ‖ 著

文汇出版社

图书在版编目（CIP）数据

乐老师的家庭微教育 / 乐善耀著. —上海：文汇出版社，2017.3
ISBN 978-7-5496-2024-1

I. ①乐… II. ①乐… III. ①家庭教育 IV. ①G78

中国版本图书馆 CIP 数据核字（2017）第 041514 号

乐老师的家庭微教育

著　　者 / 乐善耀

责任编辑 / 黄　勇
封面装帧 / 张　晋

出版发行 / 文汇出版社
　　　　　上海市威海路 755 号
　　　　　（邮政编码 200041）
经　　销 / 全国新华书店
排　　版 / 南京展望文化发展有限公司
印刷装订 / 江苏省启东市人民印刷有限公司
版　　次 / 2017 年 3 月第 1 版
印　　次 / 2017 年 3 月第 1 次印刷
开　　本 / 640×960　1/16
字　　数 / 220 千字
印　　张 / 15.25

ISBN 978-7-5496-2024-1
定　　价 / 30.00 元

前言

我的家庭观

我有一个家,一个普普通通的家,一个快快乐乐的家。

这是一个"三代同堂"的大家庭,一家五口生活在一个屋檐下。从祖辈的我和老伴,到我女儿、女婿和外孙㧡㧡,在他们的微笑里荡漾着幸福的自豪,在他们的血脉里流动着家庭传统文化与教育。

一

如果你有机会上我家作客,当你走进我家的大门,迎面看到墙上挂着的每一张照片、"淡泊明志、宁静致远"的条幅、外孙㧡㧡最喜欢的上海交通图、中国地图及世界地图……你就会感受到家庭的本质是一种文化,不同的家庭有不同的文化。我的家,随着时代的变迁,搬了很多次,但不管搬到哪里,家庭的文化就跟到哪里,文化的家庭始终不会变。

70年代初,我离开父母,建立了属于自己的小家庭。我和妻子都是中学教师,斗室很小,却很温馨。物质上一穷二白,精神生活却充实丰富。小日子过得很节俭,却很快乐也很自豪。1973年夏，我们生下了女儿，取名叫乐萄萄。我们对女儿说：在这个世界上，快乐是我们的追求，祝愿你的将来——幸福生活乐陶陶。在物质极端贫乏，文化生活苍白的文革年代，萄萄的童年没有童话，没有儿歌，除了大字报就是红宝书。望着嗷嗷待哺的孩子，我自己拿起手中的笔，给女儿编儿歌。记得我的第一首儿歌是这样写的：

> 有个娃娃叫花花，
> 跟着爸爸种瓜瓜。
> 爸爸在屋前种南瓜，
> 花花在屋后种西瓜。
> 西瓜的藤儿满地爬，
> 南瓜的花儿吹喇叭，
> 南瓜花缠着西瓜花，
> 大西瓜挤着大南瓜。
> 爸爸在西瓜地里收南瓜，
> 花花在南瓜地里摘西瓜。
> 爸爸抱着西瓜夸花花，
> 花花抱着南瓜笑哈哈。

女儿萄萄每天跟着我吟儿歌，晚上临睡前，我给她讲安徒生的童话故事。我的儿歌一首又一首地诞生，儿歌伴着女儿一天一天长大。在那个年代，孩子能喝上一瓶牛奶，是一件非常奢侈的事,其实,孩子能长大成人,长大成才,除了妈妈的母乳,便是家庭文化。

三十年的改革开放,国家发生了翻天覆地的变化,我的小家庭也与时俱进,跨入了幸福小康的行列,我们搬进了三室两厅的新居,在这里,我人生第一次拥有了一间10平方米的书房,这里是对家人是最有吸引力的地方,因为两个大书柜里排列着2 000本各个类别的藏书。我们每个人都有自己珍爱的书籍。尽管如此,女儿萄萄已养成每月去图书馆借书的习惯,为家人读书,提供大家喜欢的新书。女婿在外企担任市场总监,工作再忙,甚至在出差的飞机上,也不忘看书读书,他最爱读的是英文原版著作:《11/22/63》,《The lord of ring》,《1984》等。

我虽已从上海教育科学研究院退休十年,但对"家庭与教育"情有独钟,每天上午坚持两小时看书、学习和写作,专攻孙辈教育。十年来,在报纸杂志发表文章约20万字,为社区老人、为学校开讲《祖辈教育》讲座1 000余讲,最近,还注册了微信公众号"乐爷爷的育孙宝",与老年朋友分享交流祖辈教育的感悟和体会。

一家五口,人人爱读书,个个与书为友,以读书为乐,形成书香家风。在父母耳濡目染影响下,外孙犊犊从幼儿园开始已养成了良好的读书习惯。如今,他已是小学四年级学生了。尽管学校里学习负担很重,但每天总会挤出时间阅读课外书籍,他说:"近年来,他读过的中外名著已有500多本。例如:《西游记》、《三国演义》、《水浒传》、《钢铁是怎样炼成的》、

《百万英镑》等……"今年,他被学校评为数学"小达人"和艺术"明日之星"。

二

家是什么?家是血脉的繁衍和传承,家是人类发展生存的摇篮。自己能成为这个家庭的一个成员,成为这个家庭的一个角色,这是一种缘分,更是一种责任。每个家庭都有自己成长发展的历史,每个家庭成员的血脉里都流淌着这个家族的遗传基因。家庭中每个成员的举手投足,待人接物无不是家庭文化基因的克隆,甚至从家庭每个成员的名字可以隐约显现上一辈对下一辈的期望和心愿。

在我的祖上有着"乐善好施,光宗耀祖"的好家风、好传统。在我的祖籍宁波镇海文潭乐村,祖祖辈辈,都不会忘记,我们的祖先曾在村前的大路口,建造了一座大牌坊,上面镶嵌着四个大字:"乐善好施"。从我的姓名"乐善耀"三个字中可以看到:我父母对自己的下一代传承优良家风,发扬传统文化的期望——助人为乐、与人为善、光宗耀祖。

回顾我成长的轨迹,从小学到大学,从中学教师到上海教科院的研究人员,助人为乐、与人为善始终是我做人的基本准则。我善待家人,善待同事,善待朋友,善待自己,学会宽容,学会包容,学会换位思考,学会将心比心,学会分享,学会感恩,只要力所能及,以助人为乐,以助人为荣。从外在到内心,从姓名到活生生的一个人,称得上名副其实的快乐、善良、阳光。虽然我已经退休，但我仍不输在终点线上，争当一名开心、开明、开窍的阳光老人。

三

家是什么？家是爱的海洋，这是一片实实在在的海，是爱情海，更是亲情海，海的面积虽然不大，海水却很深很深，我们天天都在爱的海洋里游泳。在市场经济社会的今天，很多爱情海被污染了，亲情海被污染了，海水里多了许多铜臭，多了许多有害物质。我家的爱情海筑起了传统美德的堤坝，我家的亲情海，以家庭的书香，过滤来自社会各个角落的生活垃圾，尽可能降低海水被污染的浓度。我生活在这样的家庭里，我享受爱情，我感受亲情，我收获幸福。

老伴爱怀旧，把已过去的事像老电影一样拿出来重新回放。为的是让我们的家"以革命的名义想想过去，"更加珍惜今天，感恩今天。她说：记得1991年暑假，女儿萄萄从复旦附中高中毕业，以优异的成绩，考入了上海财经大学。为了庆贺女儿跨入高等学府，我们一家三口破天荒第一次走进饭店大门，人生第一次用了西餐，总共消费了人民币48元！这是我们成家以来一笔最为奢侈的消费，这是我家一顿终身难忘的西餐。

2015年，1月4日，我老伴七十岁生日。那天，我们全家为她庆贺生日。在生日家宴上，我们回顾了这个家庭四十三年成长发展的历程，真正体验到传统家风的魅力，成家立业的艰辛，人生道路的漫长……我们用五句话归纳了老伴七十年来人生的轨迹：

她拥有一颗爱心：爱家庭、爱丈夫、爱女儿、爱女婿、爱外孙、爱周围每一个人。

她治家有两大法宝：勤俭节约；当家理财。

她建立了三大功勋：传承了一代好家风；培养了一个好女儿；带出了一批好学生。

她的一生经历了四个阶段：从小失去生父的苦难童年；风华正茂的大学青年；勤奋工作桃李满园的中年；幸福快乐的退休晚年。

她担当了五个不同的家庭角色：好女儿；好妻子；好母亲；好岳母；好外婆。

我的老伴说："如今虽然家庭生活条件改善了，但仍要心怀感恩，不忘过去，勤俭节约，用自己的双手去创造美好的未来。"在她的言传身教下，女儿萄萄虽为独生子女，但在家庭中不但能操持一切家务，而且还是一位烹调高手，更是烘面包，做蛋糕的行家里手。婆婆生日，她亲手烧上几只拿手好菜，为婆婆祝寿。去年暑假，萄萄组织了我们两亲家的四位老人和他们小家庭一起去德国、瑞士自助游。他们俩开着小车，载着四位老人和孩子，行程三千公里，老人所到之处，无不感受到儿女一片孝心和爱心。

四

家是什么？家是一所未经注册的私立学堂。这个学堂，虽然没有挂牌，没有黑板，没有教室，没有教材，没有教学大纲，然而实实在在是一所学堂。学生虽然只有一两个，教师却有六个之多，其中四位是老教师，两位年轻的新教师。每天，他（她）们虽然没有站在讲台上，却天天都在给学生上课。他们怎样说话？他们怎样做事？他们是用自己的言、自己的行，在教自己的学生，让自己的孩子成为打上这个家庭烙印的人。

我的外孙犊犊是我家唯一的学生，我们是他天生的家庭教师。犊犊在幼儿园，我们没有让他去读英语、数学，他妈妈却带着他去参加亲子合唱团，母子一起登台，亲子共同"让我们荡起双桨……"星期天，他爸爸带着孩子去坐地铁，满足他的兴趣和要求，在幼儿园，犊犊成了小有名气的"地铁通"。犊犊喜欢围棋，父子俩棋逢对手。犊犊喜欢钢琴，妈妈提前拜师启蒙。为了孩子不睡懒觉，全家做出榜样。为了孩子重视体育锻炼，我老当益壮，放学后和他在小区里一起踢小足球。

为了给孩子补上人生最重要的一课，让孩子了解父母的职业，理解父母的辛劳，感恩父母的关爱，牢记父母的教导，每天晚餐桌上，成了我们全家共同交流分享的平台。与孩子讨论，什么才是真正的快乐？人生的算术题怎样做？帮助犊犊读好这本生活教科书，打好人生正能量的底气。

犊犊曾写过一篇作文《家是什么？》，他在作文中写道：家是妈妈温暖的怀抱，家是爸爸给我自信的目光。我说，家是我从儿童到少年，从青年到老年的见证。家自始至终给了我一个美好的梦，这个梦，永远激励我终身学习，与时俱进，永不停步。

去年，我的家被杨浦区评为最美家庭。我在想：我的家，美在哪里？其实，家庭文化是一种生活之美。不管是哪一类家庭，只要有了健康的家庭文化，这个家庭便有了美的心灵，家庭生活的每一天将会更加美好。

五

家是什么？家是我家窗口的那盏灯。

每当夜幕降临，在那万家灯火的上海，那是一盏极为普通的灯。

记得在退休之前，每天下班回家，挤上公共汽车，满眼都是五颜六色霓虹灯在闪烁，那是不夜城的灯。穿过茫茫的人海，随着来去匆匆的人流，我走进新邨小区，一幢幢大楼，一个个窗口，一盏盏灯，老远处我就一眼望见了我家窗前那盏灯。看到了那盏灯，似乎已走进了家门，见到妻子已烧好了可口的饭菜，热气腾腾放在桌上，全家都在等待我的归来。当我踏进家门，我首先看到的是妻子在厨房里忙碌的身影和额上颗颗晶莹的汗珠。"你辛苦了！"我脱口而出的一句话，在她的心中竟会产生一种神奇的力量。

在那会议成灾的年代，单位每周难免有几天加班开会学习。那时，晚上八点左右下班是家常便饭。每当我饥肠辘辘走进家门，第一眼看到的是妻子在灯下等待我共进晚餐的身影。我真的很感动！为这种灯下的陪伴，为家的温暖和魅力而感动。

家，不能没有灯。生活、学习都离不开灯。每当华灯初上，我们不管走到哪里，都有灯的陪伴，这一切都已习以为常，谁也不会关注和感恩灯的存在和陪伴。如果哪一天，突然停电了，家里没有了灯，小区没有灯，马路上没有灯，四周漆黑一片，我们的生活不知会糟糕到什么程度！其实，家就是我心中的灯。家不能没有灯，我不能没有家。是这盏家的灯，给我温暖，给我关爱，也给我生活的勇气和力量。家中的灯可以停电，但心中的灯不管白昼黑夜，永远在惦记召唤着家中每一个亲人。

走进我的家，当然远远不止只有一盏灯，厨房有灯，书房有灯，客厅更有灯。但最最重要的是，家给了我一盏心中的"红绿灯"，那是一盏人生道路的"红绿灯"。

其实，在我的人生道路上，有很多十字路口，红灯停，绿灯行，有了这盏红绿灯，我不会迷茫，至少不会跌跟斗。因为今天的社会，对每个人来说，有太多的诱惑！对一个普通教师的我，也许称得上两袖清风！然而，偶然也会有饭局，饭桌上不但有烟的诱惑、酒的诱惑甚至还会有金钱、美女的诱惑，也许在你的身上还有可被利用，资源尚未被开发的价值。面对各种诱惑，眼前自然会亮起那盏红灯。我想：为了维护这个神圣的家，我坚决不闯红灯！有这盏红绿灯在，我学会了拒绝，学会说"不"！在饭桌上，我烟酒不沾，既为了健康，也为了这个家。

回顾自己的人生经历,曾经面临过很多选择。特别是家庭与事业的"两难问题"的矛盾。但这种抉择都逃脱不了"得与失"的辩证法。有所得,必有所失。有的人,事业红红火火,却背叛了家,放弃了家;有的人,为了家的稳固,为了家的圆满,他宁可放弃金钱,放弃仕途。这当然是不同的价值取向的必然,对不同的人有不同的答案,无所谓对与错,生活中的"红绿灯"同样如此。

我爱这个家,因为这个家来之不易。我的家曾经很穷,是我们俩用勤劳的双手,白手起家,三四十年之心血,好不容易搭起了这样一个家。家是我精神的港湾,家是我们爱的结晶。我珍惜这个家,如同珍惜我的生命,因为她来之不易!

有了心中的"红绿灯",我相信自己这辈子一定能画好家庭这个圆。因为这个家,见证了我们俩的爱与情,见证了我们四十多年曲折而丰富的人生。我想:如果在生活中,大家都能自觉遵守交通规则,上海的交通事故一定会大大减少。如果人人心中都有一盏"红绿灯",上海的离婚率也一定会大大降低。你说是吗?

六

有人把"成家立业"比喻成夫妻俩开办一个"责任无限公司"。当然,作为家庭的"责任无限公司"内部分工可以各不相同。有的家庭,老公担任"董事长",老婆当"总经理";有的则老婆是"董事长",老公担当"总经理"。但不管分工如何，其责任则必须共同担当。

作为一个家庭的责任无限公司，其责任不尽是无限的，而且其范围极其广泛。除了家庭的经济责任外，还有家庭生活责任、养育子女、赡养老人责任，更有社区、社会责任。但是，有的家庭，男人只尽经济责任，美其名曰：很会赚钱，在家里不尽丈夫责任，更不尽父亲责任。如果一个男孩从小得不到父亲的关心和教育，这个男孩的人格难以健全，身心难以健康。有的家庭的男人与女人都没有一点儿责任心，他们好像永远长不大，心甘情愿当"啃老族"，所以像这类家庭所开办的公司，也许他们的"注册资金"远远超过500万、1 000万，但这类公司根本不是"责任无限公司"，而是"责任有限公司"，甚至是"毫无责任公司"。这类公司是短命的，迟早要垮台、倒闭的。

其实，作为家庭的"责任无限公司"的董事长也好，总经理也好，都不是好当的，需要学习，需要磨合，才能真正称职。夫妻双方的责任有大有小，首先应是对家庭的责任，这才是共同的责任。双方可以分工，但不可能分家。夫妻双方责任心的确立，是建立在丈夫和妻子之间相互尊重、相互信任的基础之上。对家庭责任心是夫妻之间爱情的升华，更是父母与子女之间亲情的升华。如果没有责任心，家庭中的爱情和亲情都是一句空话。如果连家庭责任心也没有，这个人，不管是男人还是女人，其社会责任心成了空中楼阁。

我家这个"责任无限公司"开办至今已整整四十三年了，

虽然有过艰难困苦，但一路走来，道路愈走愈宽，日子越过越甜蜜……反思自己在过去的日子里，我在这个家庭"责任无限公司"所承担的责任，有点愧疚与不安。

记得我刚刚当上爸爸的那一年，我正好在市俄语教材编写组工作，因经常去沪昆线和沪乌线上体验生活，在奔驰的列车上当列车员，一个月难得几天回家。在寒冬腊月的一天深夜，女儿萄萄突发高热，没有公交，没有丈夫的陪伴，是她，老伴独自一个人，冒着门外茫茫大雪，抱着哇哇啼哭的孩子，赶往新华医院去挂急诊。后来，听老伴事后说起此事，我既为她弱小的身躯而担心，又为她内心的强大而自豪！那天，因为她个子矮小，孩子又包得严严实实，不当心在雪地上摔了一跤，尽管如此，她仍无怨无悔！这是什么？这就是她作为母亲，作为我妻子的责任心！

后来，在上海教科院工作的日子里，我经常去外地出差，参加名目繁多的研讨会和课题论证会。每逢星期日，尽管我不在上海，不在老伴的身边，是她，独自一人，既要照管好孩子，又要撑起这个家。还要按照惯例，一手牵着女儿的手，一手提着她精心挑选的水果、点心去虹口区看望我的老爸和老妈。在她的影响下，女儿懂得了什么叫孝？从小也承担起作为女儿应该承担的家庭责任。

作为原生家庭的我们已完成了我们应该承担的责任，作为女儿家庭的"无限责任子公司"已经独立，这是我们引以为豪的事。作为我们这个家庭"责任无限母公司"终将走向衰落，画上圆满的句号。而我家的"责任无限子公司"一定会更加红火,更加辉煌,这是历史的必然。但愿在今后的日子里,我能对家庭以往有限的责任和付出,作出无限的补偿和救赎。

七

世界著名杂志《福布斯》在关于幸福因素的调查中发现:家庭是影响每个人的幸福感最重要的因素。其余依次分别是健康、财富、事业、生活品质、社交圈和个人爱好。

我经常问我自己:从建立家庭到现在,整整四十三年,我幸福吗?因为幸福和快乐始终是我追求的一个人生目标。我记得小学里,我在语文书里读过一篇课文"幸福是什么?",我对幸福的理解,随着年龄也在发生着细微的变化。

记得1972年10月1日,我们结婚了,因为装修新房,我们欠下50元外债。花三年时间,我们省吃俭用,可以这么说,是从牙缝里省下来的50元,还清了全部债务。那天,我感到特别幸福:因为我们家真的可以扬眉吐气了,真正做到既无内债又无外债!幸福是什么?幸福其实就是一种感觉。

1973年夏天,在我这十二平米的家,可以这么说:冬天不见阳光,夏天热得似蒸笼,我们花了91元,添置了家中第一件家用电器——华生牌九寸电风扇。从此以后,我们家夏天有了凉风,孩子再也不会生痱子了。那年,我感到很幸福。那时,我认为幸福就是一件物品,拥有就是幸福,幸福就是这么简单!

1979年2月，在《小朋友》杂志第一次发表了我写的儿歌"两个'迷'"，编辑部寄来了十元钱稿费，我用这笔稿费，给女儿买了一架望远镜。女儿的开心甭提了！我做父亲的，能为女儿创造快乐感到幸福。因为我看到了自己的劳动价值。我用自己的劳动给家庭带来快乐，这就是一个父亲的幸福。

孩子五岁那年，我们组织了一次难忘的旅游，孩子第一次乘上了火车，去了无锡，登上了惠山，游览了鼋头渚。那是一次十多个家庭共同发起的集体旅游，参与者都是安图中学的教师和家属。我们背着被头铺盖带着洗漱用品，晚上睡在学校的教室里。这次旅游虽然有点像野营拉练，但大家都玩得很开心！我感到很幸福，其实，幸福是一件很简单的事，简单其实就是一种幸福。

在人生的道路上，我们不仅有大目标，而且有小目标。通过全家人共同努力，我们实现了一个又一个小目标。孩子进了小学、进了初中、又进了高中……由此可见，一个家庭的成长和发展是与孩子一个又一个小目标的实现和成功是密不可分的，一个家庭的幸福实际上是每个家庭成员实现小目标的总和。回顾我的人生，我感到很幸福，因为我是通过实现一个又一个小目标，从安图中学到杨浦教育学院，进而成为上海教育科学研究院一名科研人员。在这40年职业生涯中，我对自己的人生、潜能的认识、开发和利用，尽到了自己最大的努力，发挥了最大的勇气，取得了应有的成果。所以我可以这么说：尽到努力，实现目标，就是幸福。

如今，我已步入老年。我经常感悟我的人生，回顾我的家庭成长发展的历程。我想起了法国数学家帕斯卡的名言："所有的人都以快乐和幸福作为他们的目的，没有例外。不论他们所使用的方法是如何不同，大家都在朝着这个目标前进。"我也不例外，我始终追求快乐，我始终追求幸福。但我意外发现：幸福是一件很简单的事，其实，简单本身就是幸福。每天，吃罢晚餐，我拉着老伴的手，在小区的中央大道散步，我感到很幸福！原来幸福就是一种心态，一种阳光的心态、一种乐观的心态、一种健康的心态。有了这种心态，用我脸上的微笑，告诉我周围的朋友：我很幸福。幸福是内在的，微笑是外露的。幸福的人们总喜欢把幸福写在脸上，让大家共同分享，那就是微笑。

八

家是什么？其实，每个家庭都是一个舞台。我们每个家庭成员都是这个舞台上的演员，并担当了一定的家庭角色。不管是祖辈、父辈还是孙辈，都在自己的家庭里快乐着并生活着，同时在家庭的舞台上，以自己特有的"南腔"或"北调"表演着。

近十年来，我在反思我的家庭，反思我的家庭舞台，更在反思家庭中各个角色的定位和岗位责任。本书是在自己家庭实践的基础上，从父母的亲职教育，爷爷奶奶、外公外婆的祖辈教育和孩子的生活教育的三个维度出发为当今正在从事家庭教育的祖辈和父辈提供一点建议和参考。我想：孩子是祖国的未来、家庭的希望，更是我们家庭舞台的主角。我们作为父母和祖辈要多听听他们的心声。

在这个舞台上，应该让我们的孩子学会"跌打滚爬"，让他站立在家庭舞台中央，把他们打造成家庭连续剧中真正的英雄好汉。

2017年3月

目录

前言　我的家庭观 …………………………………… 1

父母必须做好的 18 件事

第 1 件事　夫妻恩爱是最佳家庭教育 …………… 3
第 2 件事　亲子教育责无旁贷 …………………… 9
第 3 件事　提升家庭人际关系的"和谐度" ……… 16
第 4 件事　把握爱的"最适度" …………………… 22
第 5 件事　提升家庭生活的"民主浓度" ………… 29
第 6 件事　要学会等待 …………………………… 35
第 7 件事　降低心理上"焦虑度" ………………… 38
第 8 件事　打好"正能量"的底气 ………………… 46
第 9 件事　强化孩子的长大意识 ………………… 49
第 10 件事　点亮孩子心中自信的"灯" …………… 53
第 11 件事　保护孩子的专注力 …………………… 58
第 12 件事　播下想象力的种子 …………………… 63
第 13 件事　倾听孩子心声 ………………………… 66

第 14 件事	要放养，不要圈养	69
第 15 件事	大处着眼，小处着手	73
第 16 件事	注入家庭的文化基因	77
第 17 件事	发现孩子的天赋	81
第 18 件事	架起家校合作的"桥梁"	85

祖辈必须明白的 15 句话

第 1 句话	到位，不越位	91
第 2 句话	祖辈不要"被爸妈化"	97
第 3 句话	从"三个维度"提高祖辈教育质量	104
第 4 句话	要扬长，更要避短	113
第 5 句话	两亲家要形成合力	119
第 6 句话	代沟可以跨越	123
第 7 句话	要有一颗"童心"	127
第 8 句话	祖辈教育也是有保质期的	134
第 9 句话	把成长的权利还给孩子	138
第 10 句话	要爱，更要严格要求	140
第 11 句话	祖辈也要当好"第一任教师"	144
第 12 句话	祖辈也应向孙辈学习	149
第 13 句话	老人也是一所学校	154
第 14 句话	对话比听话更重要	156
第 15 句话	祖孙两代要一起成长	159

给孩子必须补上的 12 堂课

　　第 1 课　快乐是可以创造的 …………………… 167
　　第 2 课　读好这本生活教科书 ………………… 171
　　第 3 课　读闲书也是学习 ……………………… 175
　　第 4 课　发现兴趣，开发潜能 ………………… 179
　　第 5 课　体验独立 ……………………………… 186
　　第 6 课　情商比智商更重要 …………………… 190
　　第 7 课　孩子之间有矛盾并非坏事 …………… 195
　　第 8 课　让男孩更有阳刚之气 ………………… 199
　　第 9 课　游戏，胜于玩具的快乐 ……………… 203
　　第 10 课　感受比物质更可贵的奖励 …………… 209
　　第 11 课　做好人生的算术题 …………………… 212
　　第 12 课　学会感恩"金不换" ………………… 215

后记　家庭教育的微言大义 …………………………… 219

父母必须做好的 18 件事

孩子心声：

☆ 爸爸，你什么时候才有时间陪我去迪士尼玩呢？一个星期又一个星期，难得见得到你。晚上你下班，我早已进入梦乡，早上我去学校上学，你还在睡觉……

☆ 妈妈，请你不要老是问我："今天测验了吗？""语文考了几分"班上第几名了"天天听着你的话，我的耳朵也要生老茧了。

第❶件事
夫妻恩爱是最佳家庭教育

现代家庭教育的科学理念正在深入千家万户，愈来愈多的家长都明白这一浅显的道理：家庭是孩子第一所学校，家长是孩子第一任启蒙教师。其实，家庭教育与学校教育相比，有其自身特点，家庭教育是一种隐性教育，是家庭环境的潜移默化，家庭对孩子的影响是刻骨铭心的，是终身得益的。家庭教育的核心是爱，没有爱就没有家庭教育，这种爱既包含父母与子女之间的亲情，又包括夫妻之间的爱情。如果没有这两个层面的爱，家庭教育仅仅只是一个没有灵魂的躯壳了。

来自不同文化背景及不同生活习惯的青年男女从恋爱结婚、成立家庭到生儿育女，从"两人世界"到"三口之家"，这是一个爱的飞跃。

如果我们把一个"三口之家"，用一个"等边三角形"来表示。三个顶角分别代表了家庭中三个家庭成员：父亲、母亲和儿（女），三条边则体现了家庭中三种人际关系：夫妻关系、父子（女）关系和母子（女）关系。三个角，等角；三条边，等边；意味着在家庭中，不管是大人还是小孩，是男人还是女人，大家都是平等的，都应该相互尊重、相互关爱，不管是父亲、母亲、孩子之间都是爱与被爱的关系，情感上相互支持，心理上相互依赖，物质上共同分享。每人都应担当三种教育：亲职教育、子职教育和自我教育。

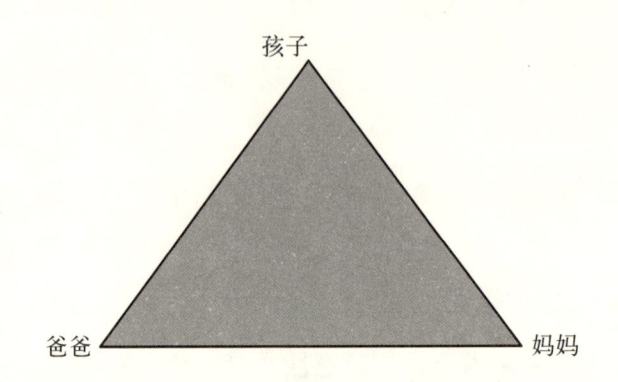

```
            孩子
           /\
          /  \
         /    \
        /      \
       /        \
      /          \
     /_____\
   爸爸           妈妈
```

夫妻关系在人的社会交往中，具有最小的距离，感情最深，依赖程度最高的特点。夫妻关系是家庭关系的基础和核心，在家庭关系中起主导作用，是家庭和谐幸福的决定因素。

亲子关系是夫妻关系派生出来的一种最基本的以血缘关系为纽带的家庭关系，是法律所不能解除的天然的感情关系。父母对子女的责任是养育和教育，子女对父母的责任是扶助和赡养。这是一种双向负责而且彼此对社会负责的责任关系。

三对人际关系，哪对人际关系是第一位的？有的说亲子关系是第一位的，因为孩子是父母的希望，是家庭的太阳，全家围着孩子转，是天经地义的。其实不然，孩子的安全感来自父母关系的和谐，和谐的夫妻关系才能给孩子一个安全的港湾。

有了牢固的夫妻关系，才会有一个温馨的家庭，孩子才会有一个良好的成长环境。但是，有的家庭却把孩子放在一个不恰当的位置，甚至于置于夫妻关系之上，孩子成了家庭中的"小霸王"，凡是把孩子放在第一位的，等待这个家庭多半是悲剧，如同我家隔壁的邻居：

案例一

我家隔壁住着一对新婚的夫妇。五年前，我分享了他俩新婚的喜糖；4年前，我尝到他们喜得贵子的红蛋。今年，我意外获悉：他们的宝宝已经3岁了，夫妻俩却在闹离婚。

一天，在电梯口正遇上宝宝的爸爸，他向我诉苦道：从我宝宝生下那天起，我家里的地位还不如那条宠物狗。在老婆的心目中，除了孩子，还是孩子。我在家里，被边缘化了。我在家里的作用，就是成为孩子的保姆，会说话的工具，召之即来，挥之即去。老婆对孩子言听计从，有求必应，对我有时冷若冰霜，有时言语粗暴。这个家庭对我来说，哪里还有温暖可言呢？

根据上海市民政局统计，2014年全市居民办理结婚登记138 545对；办理离婚登记52 871对；离婚率为：38.16%；在这离婚的群体中，孩子因此缺爹少妈，生活在一个破碎家庭里。由此可见，在家庭中，固然爱情与亲情两者缺一不可，但只有不断让爱情保鲜，才能使亲情永恒。

孩子在家庭中应该得到尊重和关爱，但孩子也只是家庭普通成员之一，所以不应该享受家庭特权，更不应成为家庭中的"小太阳"。如果把核心家庭比作一个等边三角形，每个角只能60度，因为人与人之间是平等的。如果把孩子放到了不恰当的位置，甚至凌驾于父母之上，那么这个三角形不再是一个等边三角形，而是一个钝角三角形（如图）。

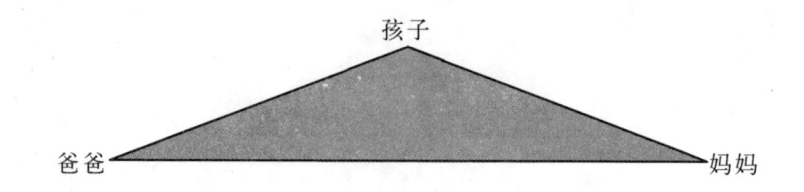

```
            孩子
           /    \
          /      \
         /        \
    爸爸 ———————————— 妈妈
```

　　家庭教育需要和谐的家庭环境，因为和谐的环境本身就是一种最优质的家庭教育。和谐的家庭环境是孩子健康成长快乐生活的土壤，而和谐家庭的先决条件就是夫妻关系的和谐，和谐的夫妻关系是孩子最温馨的港湾。

　　和谐的家庭需要夫妻双方共同来经营和建设，光有钱不行，光有房有车也不行。有一个小家庭的夫妻双方都很感叹：20年之前，一家三口，工资收入很低，钱很少，住房很挤，只有12平方米，冬冷夏热，但一家人和和美美，生活甜甜蜜蜜。今天，钱赚多了，房子大了，车子有了，夫妻关系却冷漠了，家里冷战不断，到底什么原因？由此可见，金钱不是万能的，光有钱是买不到和谐，更买不到恩爱和甜美。因为人对物质追求是有限的，对精神的追求却是无限的。家庭，需要人文关怀；夫妻之间需要相互间的尊重、关爱、沟通、欣赏、理解、宽容和包容。家庭不能没有爱，没有爱的家庭生活不会温馨；家庭教育不能没有爱，如果家庭教育没有爱，就等于没有灵魂。

家家都有难唱曲，夫妻之间发生口角在所难免，但这种矛盾不是不可调和的，夫妻之间有矛盾有口角并不可怕，而矛盾的解决和处理需要夫妻之间有效的沟通与倾听，夫妻之间的爱情需要夫妻之间共同来维护和保养，如同一盆花给它浇水施肥；如同一棵树，给他除虫培土。如果夫妻之间有了矛盾，绝对不应该将这种矛盾暴露在孩子面前，更不应让孩子介入这种矛盾与冲突，这是夫妻双方的理智表现，更是对孩子负责和爱护。如果让孩子生活在吵闹的家庭环境里，孩子在心理上缺少家庭的安全感，在同学面前会产生自卑感而缺乏自信心，这心灵的伤害终身难以痊愈。

面对孩子的教育和要求，夫妻之间应保持高度的统一，只有这样才能形成教育合力。在教养孩子的过程中，夫妻之间应有所分工，各自承担应有的责任，不管哪一方，都没有任何理由，将自己应承担的责任推给对方，不管父亲还是母亲的教育，对孩子的成长都是不可缺少的。在有的家庭，作为孩子的父亲，只管赚钱，不管教育。孩子说："我爸爸是一片浮云，一个月难得见到几次。"有的家庭，爸爸是红脸，妈妈扮白脸，各敲各的锣，各打各的鼓。今天的家庭教育缺少的不是爱，但爱被异化了，被金钱化了，被物质化了。难道家庭教育可用金钱购买？亲情可用金钱取代？有效的教育需要纯洁的爱，少一点铜臭的爱。你爱孩子吗？多给孩子一点时间和空间吧！

以我自己家庭为例：我生活在一个三代同堂的五口之家，我们祖辈正确定位：只当配角，不当主角。犊犊的爸妈在教育孩子问题上，合理分工，优势互补，相互配合，形成合力。每逢双休日，犊犊拉着妈妈的手去参加五角星亲子合唱团，亲子之间共同学习，相互学习；每日下班，吃了晚饭，妈妈和孩子一起练钢琴，现在看来，犊犊的识谱能力和弹琴水平远远超过他妈妈。犊犊的爸爸教孩子学会了自行车，学会了轮滑，平时只要有空，父子之间下一盘围棋，黑子白子之间常常难分难解。对犊犊最有吸引力的是每天晚上听爸爸讲宇宙的大爆炸、宇宙的星球，上下五千年中国历史、讲地球上的七大洲四大洋、讲中国版图上每一座山、每一条河……

犊犊的爸妈在孩子问题上有着共同的目标和步调一致的教育方法和要求，他们善于把培养孩子成才的大目标，分解成日常做人的小目标，从每顿饭不挑食不浪费一粒饭到早上按时起床、自己叠被，从专注学习到文明礼貌到伙伴交往，每一生活细节都严要求。犊犊的爸妈能把教育孩子与教育自己结合起来，把改变孩子与自我改变结合起来。犊犊每天早晨睡懒觉是他难以克服的老毛病，原因很简单，他的爸爸也爱睡懒觉。从今年9月1日开始，他的爸妈决心先改变自己，每日早上6点钟起床，穿上运动衣，在小区的中央大道进行"夫妻羽毛球对抗赛"，在爸妈的影响下，犊犊不但不睡懒觉，而且全家第一个起床，跟着爸妈也对打羽毛球产生了兴趣。

第❷件事
亲子教育责无旁贷

　　孩子的爷爷、奶奶是父亲的原生家庭。原生家庭对孩子的父亲来说是不可选择的，是他成长的根，他的教育观念无不打上原生家庭的烙印。对孩子来说是父系的祖辈家庭，虽不是孩子的监护人，却承担着一定的监护责任。父母监护和祖辈监护，各自如何正确定位？谁是主角？谁是配角？祖辈如何才能不错位、不越位？当好配角，在家庭教育中与亲子教育真正形成合力，这是每个家庭正面临的一个"两难问题"。

　　李奶奶逢人就说："我等于自己又生了一个小儿子。刚进幼儿园的小孙子牛牛，白天由我管他吃管他穿，早上送幼儿园，晚上接回家，甚至睡觉也同我一个被窝。"牛牛的爸妈简直是"双脱手"，一扔了之，一个星期难得来奶奶家看望孩子一次。一天，牛牛他妈心血来潮："今晚让牛牛回家同我们一起睡吧！"谁知到了半夜，李奶奶接到媳妇的电话："妈妈，你快过来吧！牛牛想你了，他又哭又闹，见不到你就不睡觉。"唉！李奶奶无可奈何，只好叫了一辆出租车，赶到儿子家。她说：牛牛与她已难分难舍，但与他的爸妈，就是一个月不见，也无所谓。

```
        孩子
       /|\
      / | \
     /  |  \
    /   |   \
   /    |    \
  /     |     \
 爸爸  外公  外婆  妈妈
```

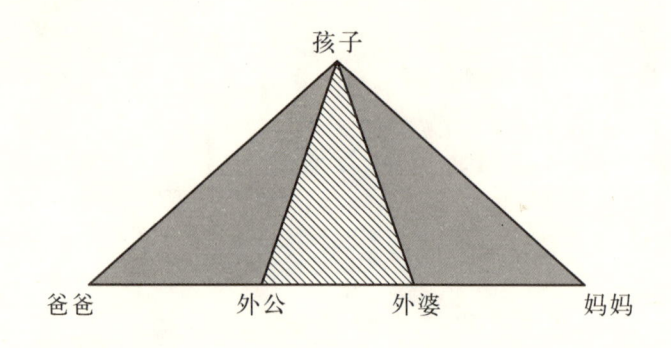

祖辈担当养育"第三代",固然有其独到的优势,例:有充裕的时间和空间;有利于传统文化的传承;有利于祖辈享受天伦之乐。但祖辈毕竟知识已经老化,思想观念比较陈旧,难以适应现代教育对人才培养的要求。祖辈教育只有正确定位,当好配角,不当主角,"补充"亲子教育,各自发挥优势;而不能"替代"亲子教育,导致亲子教育缺位,不到位;更不能"干扰"亲子教育,难以形成教育合力。

当前,个别家庭中还存在着"只生不养,只养不教",和父教缺失和母教缺位亲子教育"空心化"现象。在这亲子教育"空心化"的家庭里,孩子享受至高无上的特权,祖辈心甘情愿成为孩子的保姆和拐杖,这样的家庭如果用三角形来表示,这是一个钝角三角形,孩子这一顶角,远超过60度,如下图。在亲子教育"空心化"的家庭里,孩子的母爱、父爱是缺失

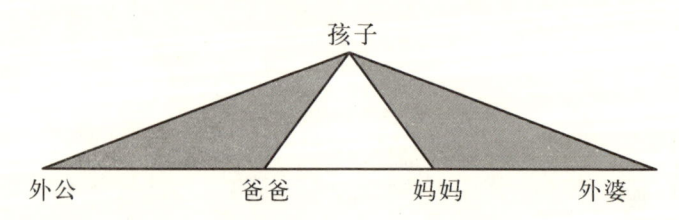

```
              孩子
             /|\
            / | \
           /  |  \
          /   |   \
         /    |    \
   外公    爸爸   妈妈    外婆
```

的，孩子成长的环境是畸形的，这种损失是孩子终身也难以弥补的。

其实作为"亲子教育"，除了孩子父母自己，谁也无法替代。在孩子最依赖的十年，用心教养，尽责尽力，抓住教育的最佳期，对孩子一生的成长，关系重大而深远。一旦孩子进入青春期，父母再怎么努力，也许已无法提供实质性的影响。到那时，亲子关系障碍难以愈合，作父母的再后悔也已为时晚矣！

所谓"亲子教育"，即夫妻应共同进入角色，共同担当父母责任。因为妈妈是情感的代表，爸爸是理性的代表，孩子靠情感来滋养他内在的生命，靠理性来发展他外在的世界，两者缺一不可。父爱是太阳，母爱是月亮，只有父母给予孩子均衡的爱，孩子才有可能从父母那里同时习得男性和女性角色的行为模式。亲子教育不是"唯母亲教育"，没有父亲参与的教育是不完整的亲子教育，没有父亲教育的男孩将会缺少阳刚之气，难以成为真正的男子汉。当前，在调查中显示：孩子与母亲"亲密度"大大超越与父亲的"亲密度"，妈妈与孩子"相依为命"，孩子与爸爸连起码的"共处时间"也甚少甚微。

亲子教育需要大智慧，当孩子处在幼年期，父母要给予孩子充分的爱，爱是一种陪伴与时间上的付出，而不是简单等于物质上的给予，更是无法用金钱来替代。教育的最终目的是让孩子走向独立，父母要学会该放手时要放手，亲子关系不是一种永恒的占有，断乳、分离是亲子关系中必然经历的一个过程。

其实，祖辈教育也有保质期。当孩子在进入幼儿园之前，祖辈可以成为孩子的玩伴，当孩子进入小学以后，祖辈最容易成为孩子不良学习习惯的防空洞。祖辈进入角色是为了孩子，祖辈学会得体地退出，也是为了孩子。开明的祖辈，应该懂得进与退，这才是人生的智慧。

父母与孩子是以血缘为纽带的亲子关系，是谁也无法替代的一种教育责任和义务。孩子对父母的依恋感和安全感是一种天然的情感关系，也是谁也无法取而代之的。祖辈对孙辈的教育不应该也不可能取代父辈的教育。因此，祖辈在对第三代教育中要合理定位，做到不错位、不越位，祖辈应乐于当配角，当好称职的配角，不要越俎代庖。

年轻的父母从孩子诞生那天起，就应该义不容辞进入角色，承担起养育孩子的责任，这不仅是家庭责任，更是一种社会责任。祖辈教育对亲子教育来说，仅仅是一种补充，不是取代。这种"补充教育"是暂时的，有限的，随着孩子一天天长大，祖辈教育终将退出，亲子教育终将占主导地位。年轻父母不要图一时轻松，把下一代的教育大事往老人身上一推了之，对孩子成长所带来的不良后果，将终身难以弥补。

从法律上讲，孩子的第一监护人首先是他的父母。作为帮手的祖辈不再是主角，而是配角。过去祖辈在年轻的时候也许能当一个好主角的，但今天未必能当好一个配角。这里有一个角色转换的过程，需要重新学习、重新调整。

祖辈与自己儿女之间要相互学习，共同学习，营造一个两代人之间沟通分享的家庭环境；年轻的父母要尊重理解老人，他们在第三代教育中既有其不可替代的优势，但祖辈教育又有其客观存在的弊端：受传统思想观念束缚，接受新观念、新事物比年轻人要慢；因此，倡导老年人向青年一代学习，相互学习，共同成长。年轻人要为老人的学习提供环境和条件。

微测试　你是一位优秀的父母吗？

自测题：(请根据自己实际情况计分)

1. 父母与孩子相处时间跟祖辈与孙辈相处时间相比较：
   大于（2分）；　　等于（1分）；　　小于（0分）；
2. 夫妻之间在教育观念上：
   经常发生碰撞，各行其事（0分）；
   虽有沟通，但无法统一（1分）；
   相互沟通，能达到统一（2分）；
3. 孩子对父母的教育行为：
   不满意（0分）；　　基本满意（1分）；　　很满意（2分）；
4. 你是否认为：祖辈教育仅仅是亲子教育的补充。
   不是（0分）；　　不知道（1分）；　　是的（2分）；
5. 祖辈教育可以替代父母对孩子的亲子教育吗？
   可以（0分）；　　不知道（1分）；　　不可以（2分）；
6. 你担当父母心态如何？

烦心（0分）； 　　一般（1分）； 　　开心（2分）；

7. 你能成为孩子的玩伴吗？

　　不能（0分）； 　　勉强（1分）； 　　能（2分）；

8. 你与孩子在一起，能与孩子交流沟通吗？

　　不能（0分）； 　　勉强（1分）； 　　能（2分）；

9. 孩子犯了错误，你会棍棒教育吗？

　　会（0分）； 　　不知道（1分）； 　　不会（2分）；

10. 你与儿女关系和谐吗？

　　紧张（0分）； 　　一般（1分）； 　　和谐（2分）；

11. 你与老伴在孩子面前一个装白脸一个装红脸吗？

　　是的（0分）； 　　不是（1分）；

　　统一要求，不当"防空洞"（2分）；

12. 你是否认同"父母是孩子第一任教师"的观念？

　　不认同（0分）； 　　不知道（1分）； 　　非常认同（2分）；

13. 你的行为举止能成为孩子行为习惯的楷模吗？

　　能（2分）； 　　不知道（1分）； 　　不能（0分）；

说明：

　　请你把《自测题》的所得分相加，便是你的总分。

　　如果你的总分在20分以上，你是一位优秀的父母，向你表示祝贺！希望你继续努力，不断充电学习，与孩子一起成长。

　　如果总分在15分以上，你仅仅是一位基本合格的父母，离作为一名孩子欢迎的爸爸妈妈还有一段不小的距离。年轻的家长,仍需努力呵!

如果你的总分在15分以下,为了你的下一代健康成长,你有必要与你的儿女作一次深入的沟通,祖辈与父辈有必要重新定位,各自承担自己的角色与责任。

第❸件事
提升家庭人际关系的"和谐度"

每个人,不管是男人还是女人,老人还是年轻人,都在追求着两个字:幸福。幸福是什么?对家庭而言,幸福既是一种外部状态,包括物质、财富和金钱;又是一种内在品质,包括精神生活、人文关怀等。其实,幸福是一种内心感受。外部状态易得易失,内在品质却相对稳定。家庭的物质是外壳,精神是内核,没有内核的外壳容易破裂。其实,人对物质的需求是有限的,对精神的追求是无限的,但人对物质的欲望是无限的,如果这种欲望得不到有效的控制,那么等待他的将是无止境的痛苦。其实,精神所带来的幸福,远远超过物质,和谐的人际关系不仅能带来精神上的快乐,而且能创造物质财富,带来终身的幸福。

物质与幸福不一定成正比,在当今家庭物质生活走向富裕奔向小康的社会大背景下,只要家庭物质生活在临界线之上,幸福不仅与金钱多少无关,而幸福与家庭人际关系却有着密切关系。

每个家庭都有着共同的生命周期,不同的家庭都有着自己独特的成长轨迹。从"两人世界"到"三口之家",从"核心家庭"到"三代同堂",每个家庭都有一个成长的过程。每个家庭成员,不管是父辈还是祖辈,从年轻的夫妇升格为孩子的父母,年老的爸妈进入爷爷奶奶的角色,每个人角色在变化,人际关系也在发生着微妙的变化,自己在成长,也在陪伴着家庭中每个人在成长。

从"两人世界"到"三口之家"

结婚对夫妻双方来说,既是经营新生活的起点,又是俩人终身"爱的陪伴"。夫妻关系可以这么说,是天底下各种错综复杂的人际关系中,最为密切,心理距离最近,相互依赖程度最高的关系。和谐的夫妻关系具备以下五个特点:一、彼此感受在一起;二、相互倾听在一起;三、分享快乐在一起;四、共同担当在一起;五、相互包容成长在一起。如果夫妻关系不能和谐相处,家庭就会成为"多恼河"、"狗不理"和"火药库"。夫妻之间只有相互尊重、相互信任、相互包容、相互支撑,家庭才可能建设成"桃花源"、"杏花村"和"平安里"。

从"两人世界"到"三口之家",这是一个家庭重大转折点。首先是家庭人际关系发生了重大变化,如同从原有的"两个点连成一条线"变成了一个"等边三角形"。新生命的降临,给每个家庭的夫妻关系带来了新的问题,新的矛盾和新的考验。有的家庭把亲子关系置于夫妻关系之上,孩子高于一切,成了家庭中的"小太阳",夫妻之间的独立空间被全部占领,父母失去了自我。如果把一个和谐的家庭比作一个"等边三角形",夫妻关系便是这个"等边三角形"的底线,那是维系家庭和谐健康的基础。如果把孩子放到一个不恰当的位置,妻子心目中除了孩子之外,丈夫被排挤得无一席之地,夫妻之间失去相互沟通、相互倾听的"两人世界"。孩子在这个"三角形"中不是60度,成了钝角或者直角,那么,这个核心家庭不可能成为一个等边三角形。可想而知,如果夫妻之间缺少恩爱,背离和谐,孩子怎么会有安全的港湾?孩子如何体验父母的爱和欢乐?家庭哪里还有幸福可言?在幸福的家庭人际关系中,排在第一位的,不是亲子关系,而是夫妻关系。

从"核心家庭"到"三代同堂"

在"三代同堂"的家庭里,孩子的家庭教育往往会出现三种偏差:一是家庭教育权威的失衡。很多家庭里教育的权威是母亲,而不是父亲,因为父亲忙于赚钱忙于事业,无暇顾及家庭,很少参与家庭教育,与孩子相处的时间更少。在这样的家庭里成长起来的男孩,少了点阳刚之气,因为在家庭生活中,孩子缺少了父亲的榜样。如果祖辈不能正确定位,父母又不能担当教育的责任,家庭中教育权威就会偏移到祖辈身上,这是一种畸形的家庭教育,其本质是没有权威的"权威"。二是家庭教育责任的转移。祖辈参与"第三代"的养育,其责任是非常有限的。这是祖辈的家庭角色所决定的。父母是家庭的主角，养育孩子的责任是其他人无法替代的。如果把家庭教育的责任转嫁到祖辈身上，这是父母失职的表现。三是两种教育观念的碰撞与抗衡。祖辈与父辈在教育观念和方法上的"代沟"是客观存在的，在任何一个家庭中谁都无法避免。两种教育观念如果产生了矛盾，不应该也没有必要在孩子面前大声争吵、相互责怪，双方应该心平气和用理性的方式坐下来冷静地讨论和沟通，既相互尊重，又相互学习，在新的基础上达到统一。

老人在"三代同堂"的家庭里，既享受着儿孙绕膝的天伦之乐，又承担着教养"第三代"的责任，更面临家庭中错综复杂的人际关系的困惑。在"三代同堂"的大家庭里，影响家庭人际关系的症结是"代沟"。其实，在当今社会中，家庭中两代人之间的"代沟"是客观存在的。这种代沟不仅反映在生活观念和生活方式上，而且还表现在对下一代教育观念和教育方法上。"跨越代沟"需要两代人共同努力，老人要向年轻一代学习，年轻人也有必要向老一辈学习。这样，既有利于自己的成长，又有利于代际关系的和谐。

从"传统老人"到"现代老人"

如果按照是否能"坚持终身学习、不断与时俱进"为评价指标，当今的老人可划分为"现代老人"和"传统老人"两大类。现代老人能在生活中不断充电，不断学习，不断接触新事物，不断向年轻人学习，不脱离社会，这样的老人精神饱满，阳光乐观，充满自信和活力；这样的老人才会与孩子有共同语言，才会在孩子面前以博大的胸怀，弯下自己的身段，向孩子学习。在与孩子沟通交往中，不会觉得自己语言枯燥乏味，甚至愚钝木讷，无法与孩子沟通互动。因此，这样老人与孩子之间沟通的管道是顺畅的，与孩子之间的关系是平等的，相互尊重的，相互理解的。

现代老人终身学习的过程，其核心是一个自我完善、自我改变的过程。谁说"老了无法改变"？其实，变是永恒的。要让家庭生活变得更美好，首先要改变自己。如果你的心态改变了，你对人对事的态度跟着改变。只有乐观、阳光的心态，才能使你的精神处于最佳状态；只有乐观、阳光的心态，你才会欣赏自己另一半身上的长处并包容其身上的短处；只有乐观、阳光的心态，你才会正确面对生活中的挫折和逆境，才会知足常乐，感恩家庭中的每一个人。其实，每个人的生活本身就是一种心态：心态好，人生就是快乐的天堂；心态好，家庭就是幸福的乐土；心态好，夫妻之间才能真正心心相印，携手到老。由此可见：夫妻关系的和谐来自双方的"自我改变"。

只有终身学习的老人才会有长者的风度，他对小辈就有一颗宽容、包容之心，他永远不会在儿子面前说媳妇"这个不好，那个不好"，因为在儿子今后漫长的一生中，只有自己的媳妇才会携手陪同他一起走完。终身学习的老人也不会在外人面前说自己女婿的坏话，因为自己不是"十全十美"，对女婿的要求也不可能"十全十美"。只有不学习的老人才会在左右邻居面前说三道四。这样的结果：把媳妇、女婿"从亲人变为外人"，"把外人变成为仇人"。其实，老人只要有一颗包容之心，婆媳关系并不难以处理。

其实，家庭教育学首先是一门"家庭人际关系学"。有人曾经作过统计，在一个大家庭里，各种家庭人际关系总共加起来，大约有六十四种。当然，今天的家庭绝大多数都是独生子女，没有兄弟姐妹，更没有堂兄堂弟、表兄表妹之间的交往。如何处理家庭人际关系不仅是一门学问更是一种心态，一种境界。和谐的家庭人际关系是家庭教育最优质的教育资源，和谐的家庭人际关系可提升家庭幸福指数，只有和谐的家庭人际关系，才能培养最优秀的下一代，才能使自己的家族兴旺发达，代代相传。

第❹件事
把握爱的"最适度"

如果把每个孩子比作一棵棵"果树"。

那么,他们的家长便是"园丁"。

园丁天天给果树松土、浇水、施肥,期待果树快快开花、结果。

园丁的辛劳,离不开对果树的爱。

果树究竟结出什么样的果?渗透着园丁的期待。

园丁的爱与期待的关联是什么?

水浇得越多,果就结得越大?

肥施得越多,是梨树也能结出苹果?

其实,一位高明的园丁能把握浇水、施肥的"度",并非水浇得愈多愈好,肥施得愈勤愈好。园丁对果实的期待也有个"度",苹果结成西瓜般大,并非是好苹果,梨树要结出苹果也不可能!

有人把"爱"比作父母对子女的付出,那么"期望"便是父母对子女的索取。"付出"与"索取"的平衡点在哪里?高付出一定能高索取吗?未必!关键是如何付出?如何把握这个"度"。

爱被物质化，金钱化

今天的孩子生活在充满物质金钱诱惑的时代，爱失去了本色，爱被包上物质的糖衣，兑入五颜六色的"添加剂"。家长可以无限止满足孩子对物质的追求，甚至把家庭中的各种教育用金钱来取代。

有这么一个学生，他来不及做作业，用钱，请同桌代笔；他不愿当值日生，用钱，请同学代劳；他想戴"两条杠"，家长在饭店摆酒席，请小朋友吃饭拉选票。双休日，家长忙于赚钱，没空陪伴孩子，请家里保姆将孩子送进校外教育机构。

其实，爱不纯粹是甜蜜的奶牛巧克力，不让孩子尝点儿苦，怎么会知道甜是来之不易；甜里加点苦，更可加快孩子心灵的成熟和人格的成长。

家长对孩子的爱，光靠金钱无法买到。一个家长化了几万元钱，给孩子在社会教育机构报了二十几门课程，从奥数、英语到钢琴、围棋，换来结果是孩子厌学逃学，对学习彻底失去希望。所以，对孩子的爱，不是对孩子玩的权利的剥夺，不是对孩子无原则的迁就，也不是在物质上对孩子无限制的满足，更不是对孩子学习无休止的加压。

爱的本色是什么？是陪伴，和孩子一起学习、一起活动、一起分享交流、一起共同成长。如果把孩子扔给电脑游戏，扔给教育机构，扔给祖辈，把孩子一扔了之，家长也许花了很多钱,但家长并没有付出爱,因为孩子所需要的爱,金钱难买。

爱的本色是严格要求,离开对孩子要求的爱,是放纵,是溺爱。没有严格要求,就不可能养成良好的习惯;没有严格要求,无法给孩子奠定良好的人生基石。

做好"爱"的加减法

每年春节,我们作长辈的都会给小辈发压岁钱,不管装在红口袋里的钱多钱少,总体现了我们对孩子一份爱心。每当这个时候,我总感到我们对孩子的爱还少了一点什么?少了一点精神食粮,少了一点人文关怀。

春节前夕,我在给小犊犊压岁钱的红口袋上写了这么一段话:

我的小外孙犊犊:

2014年春节已在向我们招手了,你又长了一岁了,你真的长大了,像一个真正的男子汉!外公、外婆为你的成长而高兴!

在过去的一年里,你取得许多优异的成绩:跳绳比赛取得了年级第二名;钢琴考过了六级,如今还能帮助音乐老师伴奏!数学获得了三年级奥数三等奖好成绩;围棋达到了二级水平。这些成绩的取得,是你努力学习的结果,我们为你鼓掌!为你自豪!

在新的一年里,我们希望你继续努力,争取新的进步……

孩子拿到了压岁钱,固然高兴,但压岁袋上的几句话对他来说是印象深刻,他感受到了祖辈对他的关注、欣赏、激励和期待。其实，给孩子的礼物除了物质以外，还应该有精神食粮，例如：买几本有意义的书、带孩子参观博物馆、参加社区的公益活动等。

家长学会把握对孩子爱的"最适度"，就是要学会做爱的"加减法"，加什么？加上"人文关怀"；加上"精神食粮"；加上对孩子良好习惯的基本要求；加上"对孩子的欣赏和鼓励"；加上"共同陪伴和心理的沟通与交流"。

减去什么？减去"金钱的铜臭味"；减去"过多的保护和包办代替"；减去"教育的急功近利"；减去"物质过剩，精神苍白，空洞说教"……

山有高度，水有深度，对孩子的爱要把握"最适度"。如果我们给孩子洗澡，必须严格控制水温，太烫不行，太冷当然也不行。教育孩子如同给孩子洗澡，洗去孩子身上的污垢，抵御细菌的侵蚀，给孩子一个洁净的身体，让孩子健康地成长。

期望的过度理想化

其实，每个孩子不可能都十全十美，天生其人必是才，天生其才必有用。如同树上每一片叶子都是相似的，但每一片叶子又都是不同的，每个人各有天赋，又各有使命。每个孩子都有他特有的个性和天赋在画着生命中的圆，有的孩子把这个圆画得很大，但也有的把这个圆画得很小，有的孩子把它画成了椭圆何尝不可？但真正把这个圆画成接近360度的标准圆，微乎其微！

可以这么说，每个孩子都是天才。但每个孩子的潜能都不一样，从多元智能理论分析，有的孩子擅长语言写作，有的孩子喜欢数学逻辑，有的着迷于体育球类，有的从小就显露唱歌跳舞的天赋。孩子的潜能和长处虽然没有明明白白写在他的手掌心，也没有刻在他的额头上，但又实实在在埋在心灵深处，如同一座矿山，等待你去探索，等待你去发现，等待你去开发，等待你去发展。

发现孩子的潜能，并为他提供发展的空间，是家长的责任，是家庭教育的真谛，是孩子打开成功大门的钥匙，是家长对孩子期望的立足点。没有家长对孩子潜能的发现和发展，家长的期望便成了空中楼阁。我们的生活不是缺少美，而是缺少发现。家长对孩子的兴趣的了解和长处的发现，何尝不是如此？

家长对孩子的期望是以孩子为本，不是以父母为中心；家长对孩子的期望是让孩子扬长避短，不是砍峰填谷；家长对孩子的期望是发现、肯定、欣赏、激励孩子的长处，但也允许孩子的短板；家长对孩子的期望是激励孩子跳一跳把树上的果子摘下来；家长对孩子的期望，不要追求十全十美，其实，十全九美也很美。

现实生活给我们的教训

这是一个真实的故事。

一个活泼可爱、性格开朗的阳光女孩，一位成绩优异的荷兰名牌大学经济学硕士，却选择了一种极端的方式结束了自己年轻的生命。

当她的妈妈抱着女儿的骨灰，装进她曾上学的书包，从荷兰阿姆斯特丹一起回到了家。一路上孩子的父母泪流满面思念着女儿，反思自己陪伴女儿成长的二十五个年头。她忏悔自己对女儿苛求，追求完美："我对女儿的关心过于物质化，对女儿的爱缺少精神上的交流和人文的关怀，我对女儿的内心世界了解得太少！平时，对女儿的评价太纠结于分数。"其实，考试成绩的好坏并非是判断孩子成功还是失败的唯一标准，不要过度去追求孩子所谓的"完美"，因为生命必须有缝隙，阳光才能照得进来。

读了以上个案，对我们年轻的家长有什么启迪吗？我们对孩子的爱是否已经异化？我们对孩子评价指标是否扭曲？我们对孩子的教育是否有点功利？我们对孩子的期望是否高不可攀？

微测试　你对孩子的"爱"可得几分？

评分标准：是，10分；不知道，5分；不是，0分；

1. 你对孩子不合理的要求会说"不"吗？
2. 你每天都有时间陪伴孩子吗？
3. 当孩子学习成绩没有达到理想目标时，你会耐心等待吗？
4. 你经常与孩子谈心沟通吗？

5. 你对孩子的点滴进步,会欣赏激励他吗?
6. 你对孩子生活、学习习惯要求都很严格吗?
7. 你对孩子自己的事,能尊重他的意见并鼓励他自己作决定吗?
8. 你对孩子的零用钱有限制吗?
9. 你要求孩子参加家务劳动吗?
10. 你给孩子创造了一个安全、温馨的家庭环境了吗?

微测试 你对孩子的"期望值"可得几分?

评分标准:是,10分;不知道,5分;不是,0分;

1. 我对孩子的期望不仅仅是考试分数。
2. 我对孩子的最高期望是让孩子终身幸福快乐。
3. 我对孩子的期望是建立在健全的人格之上。
4. 我从来没有对孩子失望过。
5. 我对孩子的期望是我与孩子共同努力的方向。
6. 我对孩子的期望是孩子跳一跳可以达到的目标。
7. 我对孩子的长处和短处都很了解。
8. 我欣赏孩子的兴趣和特长,并积极为他提供发展的平台。
9. 我对孩子的期望不盲目随大流。
10. 我对孩子的期望经常与老师沟通,并能得到他们的配合与支持。

第❺件事
提升家庭生活的"民主浓度"

据媒体报道：2014年4月16日，载有476人的"岁月"号客轮在韩国全罗南道珍岛郡屏风岛以北海域发生意外进水事故并最终沉没，大部分乘客为参与修学之旅的檀园高中二年级学生。在沉没的"岁月"号客轮上，载有325名檀园高中学生和14名教师，其中约250人被确认死亡或下落不明。

事隔半月，檀园高中开始复课，325名学生，现仅余70人。在檀园高中门口，悼念遇难者的白菊寄托着人们的哀思。一道铁网围栏上，绑着一条条写着师生姓名和悼念、祈祷话语的丝带。

这次沉船事件中，大多数乘客绝对服从船方错误指令的现象被不少西方媒体所报道。路透社评论，在长幼尊卑观念根深蒂固的韩国社会，来自上级和权威的要求往往不会遭到质疑或挑战，客轮发生严重倾斜后，船上300多名学生中大多数仍然按照船方指示留在船舱中待命，因此失去逃生机会，一些不听话的学生反而因此获救幸存。

"那些不听指挥的孩子活着回来了，听话的孩子却失踪了,"一名中学生的42岁母亲告诉《中央日报》记者。韩国媒体不禁拷问:灾难之后,韩国家长该如何教育自己的孩子?继续绝对服从长辈或权威的指导,还是按照自己的判断行事?作为东方民族的中国家长该作如何反思?"听话"依旧是好孩子的唯一标准?家长应该是孩子心目中的绝对权威?今天家庭生活中的民主怎么了?

好孩子标准: 听话? 对话?

长期以来,"听话"始终是家长对孩子的期望目标和评判好孩子的重要标准。在这样家庭氛围中成长起来的孩子,只有听话的权利,没有与家长平等对话,发表不同意见的自由。这样的孩子,缺乏独立思考和评判是非的能力,更缺少独立自主决策的能力。其实在一个家庭里,不管是爷爷奶奶的话,还是爸爸妈妈的话,不可能句句话都是真理。如果在家里只会听父母的话,在学校只会听老师的话,在社会只会听上级领导的话,他不会分辨是非,不会正确决策,不可能自主独立。韩国"岁月"号客轮上的250名檀园高中学生正因为听话,不怀疑不抵制船长错误的指示,在整整一个多小时船体从倾斜到沉没过程中,失去了逃生的机会,丧失了年轻的生命。这个惨痛的教训,难道不值得我们反思吗?

"听话"与"对话"仅一字之差,却反映了两种不同的教育观念和两种不同的培养目标。孩子是一个独立的人,我们从小就应维护孩子的权利。孩子有哪些权利?孩子有听话的权利，当然也有不听话的权利，更有独立思考怀疑权威的权利，甚至还应该有犯错误的权利，哪个孩子不是从错误中爬起来变得聪明起来的？我们对孩子的要求不是光听不说，而是听了之后不仅要说，而且经过自己的思考，发表自己的看法和见解。

培养孩子对话的能力，家长应该营造对话的氛围，提供对话的平台，父母首先要学会倾听，弯下身段，尊重孩子，成为对话的表率。即使孩子说的话有时候有点儿幼稚可笑，但也值得我们大人认真倾听，正确对待。在我们家庭，每晚七点晚餐时间，正是我们大人和孩子对话时间。在这里，有讨论、有交流、有分享、也有倾听。交流的内容有地球上发生每一件大事，也有家庭中"双休日去哪儿玩，明天吃什么菜"等小事，我们给予孩子充分发表自己意见的权利和空间，并培养他敢于发表不同意见和想法的勇气，逐步提升他耐心倾听、不打断别人说话，想好再说，有话好好说，有话慢慢说，说话算数的人文素养。4月16日韩国"岁月"号客轮事件发生以后，"如何逃生"便是我们和孩子共同对话的重要话题。事件的本身也许是偶然的，但在孩子成长的道路上，教会他学会如何自我保护？如何珍惜生命？既是一个永恒的话题，又是家长不可推辞的责任和义务。

家庭民主两个极端：小太阳？大太阳？

中国长期以来的封建意识对家庭的渗透和影响是根深蒂固的。祖辈成为一家之尊，父母意志谁也不敢违背。这个时代虽已过去,大太阳已经落山,但小太阳正在升起。今天的家庭正面临着从一个极端走向另一个极端的倾向。有的家长把孩子捧为上帝,自己却沦为奴隶;把孩子当作家庭的"小太阳",自己心甘情愿在生活中丧失自我。有一位孩子的爸爸这么说:"在我们家,老婆一切听儿子的,我老公无条件服从老婆的,我的老爸老妈都听我的,所以我们的儿子是至高无上的。"如今刚上小学的孩子,成了家庭里的轴心,一家五口都围着他转。今天孩子说:家里的早饭早已吃厌了,要吃南京西路上"绿杨邨"的名牌点心,爷爷、奶奶竟为了这一客小笼馒头起了大早,赶第一班地铁,为他去采购。昨天,家里烧了一盆油爆虾,不仅虾儿大而且味道鲜美,因为孩子喜欢吃,全家人都不许吃,让孩子一人吃独食。孩子不仅是家庭里太阳,更是无法无天的小霸王。在这样的家庭里,更无民主可言!孩子成了小皇帝,爷爷奶奶如同皇宫中"小李子——喳"。其实,从家庭中走出来的"小皇帝",进了学校便成了"小老鼠",跨入社会,最终被卷入"啃老族"——这是一条家庭教育走向失败的可悲之路。

　　让每个家庭中的"小太阳"从天上落到地上,因为每个孩子都是一个普普通通的人,实实在在的人,离开地气谁也无法长大,离开地气更无法进入社会,作为一个正在步入民主的社会,无法容纳那么多的"小太阳",何况,我们的宇宙只要有一个太阳已足够矣。所以在一个民主型的家庭里,不管是老人还是孩子谁也不应该充当太阳。不管是谁,在人格上都应保持自己的独立与平等。民主型家庭是培养独立自主人才最适宜的土壤，家庭教育的最终目标是逐步让孩子脱离父母的保护，走向独立走向自主，学会自我保护。作为家长不可能一辈子伴随在孩子的身边，充当孩子的保护神。

韩国250名檀园高中学生家庭的教训是惨痛的。如果在这250名高中学生中有人在这关键时刻敢于质疑船长的错误指示，敢于与船方对话，而不是唯唯诺诺，唯命是从；如果在轮船严重倾斜，生命危急的关键时刻，有人敢于向权威挑战，跳海自救，"岁月"号客轮时损失就不可能这么惨重。如果我们的家庭不以"乖巧听话"作为好孩子的唯一标准，在家庭生活中，多与孩子对话，从小培养孩子独立自主的能力，檀园高中家庭悲剧将会大大减少。来自韩国的教训难道不值得中国的家长深刻反思吗？

微测试　你家庭的民主浓度是多少？

得分标准：完全是（5分）；有时是（2分）；不是（0分）
1. 你是否认为：别看孩子小，他有人格的尊严？
2. 你始终维护孩子发表不同意见的权利？
3. 你从来不打骂孩子？
4. 你对孩子的不听话能包容吗？
5. 在孩子面前，你从来不倚老卖老吗？
6. 与孩子说话，你感到很快乐吗？

7. 每天，你都有时间与孩子沟通交流吗？

8. 家里的重大事情你都会征求孩子意见吗？

9. 你经常会和孩子一起玩耍吗？

10. 孩子说话，你会认真倾听吗？

11. 你对孩子的承诺肯定会兑现吗？

12. 如果孩子违背你的意志，你会冷静听取他的想法吗？

13. 如果孩子与你有不同意见，你能接受吗？

14. 如果你错怪了孩子，你会向他赔礼道歉吗？

15. 如果孩子不愿与你沟通，你会从自身寻找原因吗？

16. 孩子自己能做的事，你能放手让他去做吗？

17. 在与孩子对话中，经常会涉及"珍惜生命、自我保护"的话题吗？

18. 你对孩子的不合理要求会说"不"吗？

19. 孩子自己的事你能让他自己作决定吗？

20. 你是孩子认可的朋友吗？

第❻件事
要 学 会 等 待

我的小外孙犊犊，他的心智发育就是比其他周围小朋友慢一拍：

三岁，幼儿园的小朋友个个口齿伶俐，唯独他不能开口说话，甚至叫我外公为"外冬"，口齿含糊不清。他妈妈很急，爸爸更急：孩子语言系统是否有什么障碍？会不会成为哑巴？

小学一年级，班上小朋友纷纷换牙，乳牙一个个往下掉。唯独他，乳牙一颗颗坚如磐石，没有一点动静，直到三年级，他才落下第一颗牙。全家为此都很急，是否会营养不良？是否严重缺钙？

孩子成长的每一个过程，其实，家长都为他操碎了心。俗话说："百年树人"。我们都喜欢把孩子比喻成一棵树，父母便是这棵树的园丁。其实，一个孩子一棵树，由于遗传基因不同，每棵树都有自己不同于其他树的特性。有的树是春天开花，有的树夏天开花，有的树秋天开花，有的树甚至到冬天才开花。我想：我的外孙心智发育比别的孩子慢上一拍，其实没有必要大惊小怪，关键是家长要有一个好心态。孩子成长的事，总得慢慢的来，一点也急不得。愈急，欲速则不达。孩子成长是一个过程，操之过急，急功近利，其结果是拔苗助长。所以，家长要学会等待。当孩子的心智还未成熟，家长要学会等待；当孩子对有些问题的认识还未真正觉醒，家长也要学会等待。所以，学会等待是家长的一种教育智慧，更是尊重孩子，尊重教育规律的体现。

孩子是一棵果树，谁不期待这棵果树早早结果，快快结果，结个大果，结个甜果！所以，每个家长对孩子都有很高期望，期待孩子早日成功。所以，全家人的目光，都像探照灯一样，聚焦在这棵果树枝头：什么时候开花？什么时候结果？结几个果？结什么样的果？很少关心这棵果树的根。其实，树上的果结得如何？多还是少？大还是小？关键在于根，因为根深才能叶茂，根发育得好，才能吸收更多的养料和水分。

家长都关心孩子的学习，更关注其学习成绩。其实，学习成绩不过是这棵果树上的果。为什么有的孩子的学习成绩结出又大又甜的果，有的孩子结出的果却又小又涩？关于在于学习的根。孩子学习的根在哪里？学习的动力、学习的兴趣、学习的习惯这一切构成了"学力"。今天没有学力，将来不会有学历。所以学力比学历更重要。

当好孩子的园丁真不简单。果树结果是早晚的事，我国历史上道家哲学强调"道法自然"的生态整体思想，强调人应尊重事物的本然状态。

其实，孩子作为一个生命体，其成长有其必然规律。如果是樱桃树，是春天结果的；如果是桃树，是夏天结果的；如果是苹果树和梨树，到秋天才会结果。家长只能顺其自然，慢慢来。所以，家庭教育既不能违背孩子成长规律，更不能违背教育规律。当前倡导的早期智力开发，不要过度开发、野蛮开发而扼杀了儿童的天性。不要为了"不要让孩子输在起跑线上"，拼命加码，疲劳轰炸，把孩子累垮在起跑线上。

第❼件事
降低心理上"焦虑度"

我的小外孙犇犇对我说:"咱班上的男孩子都很淘气调皮,所以班级里的大队长、中队长全是女孩子。"当下,不仅是小学,甚至于初中、高中,男学生竟成了学校的"弱势群体":男学生的学习成绩没有女学生优秀,男学生在教师面前没有像女学生那样听话乖巧,男学生考入重点高中、重点大学的比例也没有女学生那么高。在上海,走进四大名校的复旦附中,班级中男女学生的比例竟然倒挂!这是为什么?今天的男孩子真的不行了吗?有的男孩子缺少阳刚之气;有的男孩子不喜欢踢足球,也不会打篮球;有的男孩子碰到别人欺负他,除了报告老师,就无能为力了;有的男孩甚至不会打架,不会保护自己!面对这一切,难道不值得我们家庭教育和学校教育反思吗?男孩子的阳刚之气到哪里去了?男孩子的个性特征到哪里去了?

对男孩的性别差异要有包容度

其实,孩子的性别概念并不是受到了性别本身的影响而形成的，而是父母的养育态度影响了性别概念的形成。是父母在无意识地纠正孩子行为中的性别特征：当女孩做出了被认为符合女性特征的行为时，就会加以鼓励；而一旦出现男性行为时，则不是纠正就是非难。男孩相比女孩，没有像女孩那么文静，那么乖巧，那么听话，从心智发育的速度也没有像女孩那么快。很多家庭，由于父亲忙于事业和赚钱，父亲对孩子的教育不是空位便是缺位。在一个家庭，如果只有母亲的教育，而没有父亲参与的家庭教育，往往是不完整的家庭教育。如果母亲不能包容男孩调皮和淘气，按照自己心目中女孩听话乖巧的标准来养育，这样的孩子长大以后，肯定缺少阳刚之气。已经进入老年的祖辈，对调皮捣蛋的男孩，往往是批评的多，惩罚的多，告状的多。在家庭，男孩的个性受到很大的压抑。

其实，不管是男孩，还是女孩，没有一个孩子是十全十美的。每个孩子都会有缺点有过失。特别是男孩，有的男孩性格比较倔强，喜欢打架；有的男孩，做事粗心，丢三落四，今天丢了红领巾，明天又忘了作业本。我的小外孙从小喜欢天文地理，历史故事，每天放学回家，独自一人把自己关在书房看各种课外读物，而常常忘记完成老师的作业。有时我闯进门去，他会措手不及把他手中的"闲书"塞到他的屁股下面的座位上，甚至扔在书桌下面，用"鸵鸟政策"对付我们对他的教育。其实，孩子的成长是一个过程，再好的教育也不可能"立竿见影"。改变孩子是每个家长的期待，但最终改变的决定因素来自孩子自己，有效的家庭教育并非除了"严格要求"还是

"严格要求"。宽容、包容和等待便是"严格要求"的润滑剂。包容并非家长放弃原则,包容更不是让孩子"放任自流"。包容是尊重孩子成长的规律,包容是孩子成长过程中的"等待",家长只有学会等待,才能在改变孩子中"改变自我",在改变自我中与孩子一起成长。

对孩子的考试失误要有宽容度

当下,家长最关注的是孩子的分数,最不能容忍的是孩子考试的失误和学习成绩的退步。因此,很多家长对孩子的欣赏,除了100分、"第一名"以外,其他再也没有什么了。甚至不少孩子考了95分,还是遭到家长的严厉批评加棍棒。如果一旦孩子考试考砸了,某门学科开了"红灯",家长的感觉是似乎天要塌了,孩子一切都完了。在每个家长追求的目标中,自己的孩子是最棒的,在班上应该是鹤立鸡群的,是十全十美的,不容许有失误、有挫折、有失败,其实这是不可能的,不切合实际。家长对孩子考试分数的追求要适度,分数是什么?并非孩子的命根,不过是对孩子在某个阶段掌握知识、应用知识的一个评价指标。分数不能代表一切,孩子在掌握知识的过程中,总会有反复,有曲折,并非都会一帆风顺。一张考卷上有几个大叉,并非都是坏事,只要正确对待,坏事可以变为好事。考试偶然失误,只要不断总结经验教训,会让孩子愈来愈聪明。退一万步,分数不好的孩子不等于将来没有出息。因为评价一个人才的标准不是唯分数。说到底,一旦出了学校大门,孩子分数还有什么用？起作用的还是孩子的人品和能力。

其实，除了分数之外，值得家长关注的是孩子分数的背后，那就是他对学习的兴趣、学习的习惯、学习的方法和学习动力。只要有强大的非智力因素作为孩子的坚强后盾，孩子一次考试失误甚至开了一次红灯，还有什么不可宽容和包容呢？得不到家长宽容的孩子容易在心理上产生挫败感，缺少自信心，亲子之间缺少相互的信任感，甚至会走向厌学、逃学、亲子关系紧张。

祖辈对父辈的不同教育方法要有包容度

不管是什么类型的家庭，家庭教育不能没有权威。绝大部分家庭，母亲担当了教育的权威；也有部分家庭，父亲挑起了家庭教育的权威。其实，父母应当成为这个权威，这是责无旁贷的，谁也无法替代的。在"三代同堂"的家庭里，祖辈是全家的长者，有的老人喜欢倚老卖老，以功臣自居，对已经成家的儿女喜欢居高临下，指手划脚，甚至与自己的儿女争夺教育"第三代"的权威地位。

其实，祖辈与父辈，两代人之间的"代沟"是客观存在的。两代人在教育的观念和方法上的碰撞是不可避免的。因此，祖辈干扰父辈对自己孩子的教育，祖辈不满自己儿女的教育理念，抵制父辈的教育方法，在有的家庭时有发生。

我经常在学校、社区给家长上课，传授家庭教育的先进理念和科学方法，在他们面前，我的社会角色是专家，是老师。

然而，在家庭，在我的女儿面前，我的家庭角色并不是专家，而是父亲，是外孙的外公。我的女儿固然对我的教育观念很尊重，但在具体方法上的处理上我们也会有分歧，甚至有碰撞。小外孙三岁参加亲子合唱团，四岁弹钢琴，他识谱能力很强，我认为，培养孩子的兴趣是关键，参加钢琴考级，太功利，给孩子压力太大。但女儿并不赞同我的观点，她说："不参加钢琴考级，孩子没有成就感。"在孩子学琴过程中，女儿有时会操之过急，有时会训斥惩罚，面对这一切，我绝对不会当着孩子的面去干扰她的教育。我会换位思考，我会包容宽容，我会尊重家中每一成员，我会把自己正确定位。

祖辈对父辈的包容，才能找到祖辈教育和亲子教育最佳"结合点"，才能形成教育合力。祖辈对父辈包容，是自己正确定位，不当主角、当好配角的生动体现，是有效家庭教育的"黄金原则"。

只有提升"包容度"，才能降低"焦虑度"

今天的老师都很焦虑：焦虑班级考试成绩的名次，升学率的比例；今天的家长更加焦虑：焦虑自己孩子每一次测验、每一场考试，焦虑孩子将来能否考上一所好学校，有的家长，每逢孩子考试，她紧张得吃饭无味，睡觉不香。还有一位妈妈去学校参加家长会，会上班主任老师批评他的孩子学习成绩退步了，回到家，她关起门一个人大哭一场，第二天连去上班的力气都没有了，去医院检查，医生说："血压高得连血压计也难以量出来。"

其实,焦虑是一种心理上的"传染病",老师焦虑,传染给家长;家长焦虑,传染给孩子。功利的社会,全民焦虑;功利的家庭,全家焦虑。重视家庭教育过程的家长,不容易焦虑;有自信力的家长不会焦虑;有包容心的家长根本不需要焦虑。包容是一种心态,心态好,什么都好。有包容心的家庭,亲子关系和谐,孩子对学习有自信力。包容是家长一种思想境界,是考察家长是急功近利,只对孩子眼前负责,还是对孩子的美好未来和终身幸福负责?包容是一种现代的教育观念,是对孩子期待和等待的溶合剂,包容是对孩子的信任和尊重,包容是对孩子自尊心的"保护膜",包容是内心焦虑的"灭火机"。一句话:只有提升"包容度",才能降低"焦虑度"。

微测试　你的焦虑度:

评分标准:经常是这样的(10度);有时候是这样的(5度);从来不是这样的(0度)

如实回答,把十道题所得分相加,便是你的"焦虑度"。

1. 你经常为孩子的学习担心吗?
2. 你害怕班主任老师给你打电话发短信吗?
3. 每当参加家长会,我总会回避老师的目光吗?
4. 你会经常在孩子面前唠叨:"你再不好好读书,将来去扫马路……"

5. 每当你拿到孩子的考卷，只要有"大叉"你总会批评训斥吗？
6. 你对孩子的学习成绩总是不满意、不放心吗？
7. 每当考试之前，你总会安排时间帮助孩子复习功课吗？
8. 升学考试前夜，你为孩子考试担心难以入睡吗？
9. 为了帮助孩子提高学习成绩，你给孩子报了课外辅导班吗？
10. 你对孩子每天独立完成作业不放心吗？

微测试　你的"宽容度"：

评分标准：经常是这样的（10度）；有时候是这样的（5度）；从来不是这样的（0度）

如实回答，把十道题所得分相加，便是你的"宽容度"。

11. 你坚信孩子年年在长大，天天在进步吗？
12. 你能尊重孩子个性特点和兴趣爱好吗？
13. 如果孩子与小朋友打架了，只要他认错，你会原谅他吗？
14. 如果孩子考试开了红灯，你对他的学习仍充满信心吗？
15. 平时，你对孩子的教育以表扬鼓励为主吗？
16. 如果孩子不听话，你不会生气吗？
17. 如果你接到了老师的告状电话，你会心平气和和孩子沟通吗？
18. 如果你的孩子被同学欺侮了，你会冷静理智地与对方沟通吗？
19. 孩子对你的教育提出意见和批评，你会接受吗？
20. 当孩子拒绝你给他安排的家庭教师，你会弯下身段听取他的意见吗？

第❽件事

打好"正能量"的底气

今天的孩子正处在一个快节奏、高科技、多元文化、充满各种诱惑的时代。他们每天在学校既接受着社会主义核心价值观的"正能量"的教育,又难以回避来自社会方方面面"负能量"的影响。如何帮助孩子识别、抵御"负能量"的侵蚀?打好接受"正能量"的底气,是每位家长不可推辞的责任和义务。

如果把孩子成长的过程,比喻成开启人生之旅的航船,从家庭的"母亲河"驶向社会的"汪洋大海",不可避免会遇到暗礁和危险水域,甚至狂风暴雨,那便是社会不良的诱惑和"负能量"的影响。当我们孩子的航船身处各种精神毒品的"暴风雨"的时候,怎样才能不偏离"正能量"的航道,驶向成功的彼岸呢?是什么力量可以帮助他识别真、善、美,并作出正确的决定,把握人生的方向盘?那就是父母必须传授给孩子"核心价值观"——面对惊涛骇浪,孩子的人生之旅始终不偏离正确的航道,这就是父母的自身价值观,孩子的基本品格,作为一个大写人必须具备的底气!

孩子的底气，来自家庭的风气。有的家庭经济并不富裕，但很有文化，很有骨气，很有朝气，人穷志不穷，父母便是"正能量"的楷模。有的家庭是暴发户，口袋里装满了钱，头脑空空却没有一点文化，这样的家庭除了阔气，便是孩子的骄、娇二气。

孩子的底气来自父母自身的正气。父母平时在家庭生活中言行举止，乃至对社会、对人生、对他人、对自己的态度和观点，无不在潜移默化着孩子的心灵，餐桌上面对孩子你的"高谈阔论"还是"牢骚满腹"，无不是孩子又一个学习的课堂。

家庭不可能也不应该成为孩子吸收"正能量"的真空地带，家长每时每刻不是在传播"正能量"，便在传播"负能量"。家庭应该成为"正能量"的集散地，父母应该成为"正能量"的践行者和传播者。如果在家庭，家长对孩子没有足够强大"正能量"的影响力，那么，社会上各种形形色色的"负能量"便会乘虚而入，来填补因家庭教育缺失而带来的"真空地带"。在家庭，孩子接受的是"正能量"，就有了作为一个现代人的底气，有底气的孩子面对社会上各种眼花瞭乱的诱惑，不迷茫，不动摇，坚持正确的方向，不断吸收积极向上的力量，驶向成功的彼岸。

有底气的孩子离不开他心理上的勇气。美国著名的心理医生阿尔弗雷德阿德勒曾说过：如果只能给孩子一个品质，那便是勇气。勇气是建立在自信土壤上一朵小花，是青少年品格中的核心力量。有勇气的孩子能在自己成长道路上不断树立目标,并坚持不懈地努力,勇于承担可能出现的困难、挫折和风险,以积极的行动去获得成功。勇气的反面是胆怯,胆怯的孩子,没有目标,没有动力,必然导致消极行为和失败的结果。

　　孩子的勇气哪里来?孩子的勇气建立在良好的亲子关系基础之上。只有深厚的亲子之间情感纽带,孩子才能感受到自己被尊重,父母对孩子的期望目标才能内化为孩子自己的目标。其实,家庭教育说到底,我们家长以自己的"正能量"给孩子以前进的动力,通过沟通、肯定、鼓励、欣赏等积极的影响力,来提高孩子走向成功的可能性和必然性。

蒋若凡 6岁

第❾件事
强化孩子的长大意识

春节前,学校的老师给孩子布置了一项别开生面的寒假作业,要求每个学生收集10张自己从出生到现在的照片。我们全家为此"小题大作",搬出了大大小小的照相册,按年份从小到大,为孩子作了一个全面的"成长回顾展"。你看!这是你的第一张照片,背景是产科医院病房,躺在妈妈怀里,眼睛还没睁开呢;这是你刚刚会走路的,在杨浦公园猴子山旁边;这张是你刚进幼儿园,第一次背上书包;这是你第一次学会轮滑;这是你第一次学会骑自行车;这是你在弹钢琴;这是……一张张照片告诉孩子:"你已经长大了!"真的,孩子是长大了,他的身高已超过了一米二,乘地铁、公交该买票了。生活上他已越来越独立了,还会帮爸妈做家务呢!他学会了很多本领:唱歌、弹钢琴、下围棋、骑自行车、踢足球……

孩子的成长是不可抗拒的,长大对孩子来说是一件既神圣又幸福的事。作为孩子的父母既要关注孩子在成长道路的每一步,更要为孩子长大摇旗呐喊,加油鼓劲。因此,每当孩子有了一点细微进步的时候,每当孩子受到了老师表扬的时候,我总会情不自禁说出一句口头禅："孩子长大了"……

孩子的父母首先要有"长大意识"。所谓"长大意识"，就要有发展的眼光和发展的观念，不能用凝固的目光来看待孩子的昨天和今天，从孩子蹒跚学步到独立行走，从孩子背上书包到跨入各级学校，孩子正从婴儿走向儿童，从儿童走向少年，不久的将来，他将跨入青年的行列，终有一天，他要独立，要立足社会，离开父母。今天，父母为孩子所做的一切，都是为了孩子健康成长，为了孩子更快地长大，为了孩子早日独立。该放手的时候要放手，该甩手的时候要甩手。父母的长大意识的核心就是不要剥夺孩子长大的权利，不要心甘情愿一辈子去当孩子的保姆。孩子长大了，父母的教育观念和教育方法必须与时俱进，在已经长大的孩子身上吸取营养，与孩子共同学习、相互学习、一起成长，同步"长大"。

当父母在关注孩子长大的同时，也应该让孩子了解父母长大的轨迹，爸妈虽已成家立业，我们也在不断成长，也在天天长大，让孩子从中感悟人生的真谛和生命的价值。在帮助孩子回顾长轨迹的同时，我们也整理了并向孩子展示了我们长大过程中各个阶段的照片：这是你爸妈上幼儿园的照片；这是你爸戴红领巾的照片；这是你妈三好学生领奖的照片；这是你爸大学毕业的照片；这是你爸妈结婚的照片；这是你爸被评为先进工作者的照片……我们一边欣赏照片，一边告诉孩子："我们也和你一样，从小孩长大成人，从不懂事到懂事，从小学生变成大学生。将来你也会长大，你也要成家，也要当爸爸，也要生小宝宝。将来我们也会变老，也要退休……今天我们虽然已经工作了，但仍然还在成长，还要不断学习，学习如何做爸爸如何做妈妈？将来还要学习如何做爷爷做奶奶？每个人的一生都是学习的一生，很多知识等待我们去学习，但又永无穷尽。"对孩子来说，长大是自己成长道路上的一个目标，是不可逆转的前进的方向，也是不断学习、严格要求、全面发展的强大动力。

孩子长大固然是每个生命体不可抗拒的发展规律，但如何为孩子创设一个有利于他健康成长更快成长的环境，是每个家庭、每个父母必须思考的大问题。孩子的成长需要目标的激励，没有目标的人生，不可能有人生的幸福和成功。大目标对孩子来说是遥远的，每个大目标总有许多小目标作为奠基，孩子的每个大目标都可以分解每一年每个学期的小目标，最终落实到每一天的生活，包括吃好每顿餐，睡好每一晚觉，听好每一堂课，做好每一次作业。

孩子的"长大"是实实在在体现在他的每一天的生活之中，从他的行为举止，学习态度，伙伴交往，体育锻炼……无不留下他长大的轨迹，作为父母要有一双特殊的眼睛，及时去发现"长大轨迹"中留下的点点滴滴闪光"汗珠"，去欣赏他，去称赞他，去激励他，当好他的"啦啦队"。孩子成长的每一天不是简单的重复，从星期一到星期日，我们要善于留心孩子在长大过程中所发生的变化，这种变化是永恒的，不变是暂时的，我们只有持之以恒，只有重视其细微的变化，才能积小变为大变，变小胜为大胜，最终，去实现人生一个又一个目标。

  孩子在长大，我们父母也在长大。从孩子出生那天起，我们就期待孩子快快长大，但光有期待是远远不够的。为了孩子长大，除了给予物质以外，多给孩子一点人文关怀。孩子的长大是令爸妈欣慰的，长大是一个过程，是日复一日的积累，我们要重视这个过程，要在乎孩子在这个过程中每一细微的变化。孩子在长大，我们作爸妈的也要快快长大，与孩子手拉手，在同一起跑线上，向着共同一个目标……

第❿件事
点亮孩子心中自信的"灯"

如果你的孩子坐在教室里,面对老师的提问,他能否把手高高地举起来?如果你的孩子进入小学学习,他能否很快与新伙伴打成一片,很快适应小学的学习生活?如果班级里选举小队长、中队长,他能否自告奋勇走上讲台,对全班小朋友说:"我能行!我来当!"这种勇气和力量来自哪里?这就是自信!

自信是什么?自信是一个人的精神脊梁,自信是每个人成功的前提。一个人没有自信力,便没有力量;一个人没有自信力,便没有成功。自信的孩子往往生活在很有安全感的家庭里,自信的孩子在学习上遇到困难、挫折,也不会动摇自己努力的方向。

孩子的自信力从哪里来?孩子的自信力是从爸爸、妈妈、爷爷、奶奶的目光中来。如果在大人的目光中,孩子是一个大写的人,孩子的权利、孩子的兴趣爱好、孩子的选择、孩子不同的意见都能获得大人的尊重,这样的孩子就有自信力。经常被父母打骂的孩子,缺少自信力。因为每个孩子对自己的认识和评价,是通过大人的眼神来了解的。所以大人的眼神和评价如同一面"镜子",孩子在父母这面特殊的"镜子"里,看到自己的"五官和外貌",在父母的评价中才了解自己的长处与短处。在尊重、信任、欣赏的目光下长大的孩子有自信力,走起路来也是雄赳赳气昂昂的。在鄙视、嘲笑、叽讽的目光下长大的孩子,连走路也不敢抬起头挺起胸。

孩子的自信力从哪里来?孩子的自信力是从爸爸、妈妈、爷爷、奶奶的言语中来。其实,大人的语言具有非常神奇的功能。如果孩子经常从大人的口中听到这样的话语:"你真的长大了!像个真正的男子汉!你天天都在进步;你会做越来越多的事;你很棒!爸妈为你的成长而感到骄傲!"时间久了,孩子的自尊心得到满足,并充分意识到自己的潜能和天赋,从而建立自信心。但有的家长对孩子喜欢求全责备,喜欢横挑鼻子竖挑眼,喜欢把自己孩子的短处与其他孩子的长处去攀比:"你看,我的孩子不行!你家的小明、小玲多棒!""我的孩子真笨!""唉,我的孩子没希望了!"家长这样的话,孩子的自信心受到严重的打击与伤害,如果是一个很聪明的孩子经常被父母批评与否定,自然会觉得自己很无能很自卑,自己也看不起自己,在小朋友中间抬不起头来,失去勇气与自信。

孩子的自信力从哪里来?孩子的自信力是从成功的实践中来,从一次又一次成功的体验中来。在生活中在学习中老是失败的孩子不可能有自信力;从小到大离不开父母包办代替的孩子不可能有自信力;在溺爱、宠爱中长大的孩子不可能有自信力。

在幼儿阶段，孩子在父母的鼓励下，学会了自己吃饭，自己穿衣，自己缚鞋带，自己整理床铺，自己事情自己做。在实践中，认识到自己的能力；在成功的体验中，建立了自信。

在小学阶段，孩子的每一次测验和考试不可能都是100分，衡量孩子成功的指标也并非只是100分。从孩子实际出发，每个孩子的"起跑线"都不一样，每个孩子的潜能也不一样，孩子的成长是一个过程。只要有进步，有发展，哪怕只有微不足道的一分二分也是成功！一个孩子的数学考试只考了60分，妈妈不仅不责骂他，反而说："孩子这次考试虽然是班级的最低分，但与上一次考试相比，你进步了2分！这就是成功！妈妈相信你，只要继续努力，一定会获得更大的成功！"妈妈这一席话，无疑成了孩子自信力的加油站。如果孩子在学习上碰到了困难、挫折乃至失败，我们只要积极引导，积极吸取教训，跌倒了，继续爬起来，一定可以恢复孩子的自信心。

自信是一种从容平静的心境——遇事不乱，满怀信心；

自信是生命中的灯光——照亮人生的坐标；

自信是生命的种子——总将开出绚丽的花朵；

自信是成长道路上坚实的足迹——一步一个脚印，走上人生的金光大道。

微测试　你的孩子有自信力吗？

1. 你的孩子认为自己是个好学生吗？
2. 被老师批评了，他会觉得难过吗？
3. 如果别人赞美他，他不会抱怀疑态度吗？
4. 你的孩子从来没有感到自己不如别人？
5. 孩子对自己的外貌满意吗？
6. 孩子在同学伙伴中受大家欢迎吗？
7. 孩子对各门功课都喜欢吗？
8. 孩子对自己的学习成绩满意吗？
9. 孩子能经常得到老师表扬吗？
10. 孩子认为自己的优点比缺点多吗？
11. 孩子希望自己有潜力多学一点才艺吗？
12. 孩子一旦下定决心，即使困难很多，也会坚持到底吗？

以上各题，回答"是"为1分，"不是"为0分，如果总分在10分以上的话，说明你的孩子非常自信。如果在9分以下，说明你的孩子自信心有待进一步加强。那么如何帮助你的孩子提高自信力呢？家长不妨从以下几点做起：

1. 家长要保持乐观的心态，给孩子一个安全、和谐的家庭生活环境。
2. 尊重孩子的人格和他在家庭中平等的地位。倾听孩子的心声，尊重孩子的意见。

3. 不用伤害孩子自尊的言语："你真笨！""你没希望了！"
4. 对孩子多鼓励，多肯定，多赞美，当好"啦啦队"。
5. 坚信你的孩子是最棒的！遇到再大的挫折和风浪，也难以冲垮家长对孩子信任的堤防。
6. 学会"一分为二"的辩证法，用积极乐观的方法，引导孩子重整旗鼓，恢复自信。
7. 多给孩子成功的平台，给孩子适度期望，跳一跳，让孩子摘下果子。只有这样，才能使孩子获得成就感和胜任感。
8. 家长面对社会竞争和生活压力，自己首先要有自信力。

姓名：张子宇 年龄：5岁

第⑪件事
保护孩子的专注力

如果你的孩子即将进入小学，他能否适应小学的学习生活？幼小是否真正实现"无缝隙衔接"？不妨测试一下你的孩子：

（1）如果他面对感兴趣的事物，他的专注力可维持多长时间？半个小时还是一个小时？

（2）如果他坐在电视机前看他喜欢的童话片，他的注意力可维持多久？一个小时还是两个小时？

（3）如果他在读一本卡通画的书，他对书的专注力可持续多久？十分钟还是半个小时？

（4）如果他在写字，做算术，他的专注力可维持多长时间？十五分钟还是半个小时？

专注力就是我们说的注意力，也就是一个人能高度集中于某一件事的能力。专注力是所有能力的基础，是孩子需要培养的一种品格，是一项非常重要的心理素质。俄国教育学家马申斯基说过：注意力是学习的大门，是我们心灵唯一的门户，意识中的一切必然都要经过它才能进来，门开得越大，得到的东西越多。根据心理学研究表明：5—7岁儿童能够集中注意力的时间是15分钟，7—10岁是20分钟。一个学生如果没有良好的注意力，直接影响他的学习效率。注意力是人的智力五大基本因素之一，是观察力、记忆力、思维力、想象力的准备状态。为什么有的小朋友刚进小学，就感到学习困难？原因之一是在幼儿阶段，孩子的注意力没有发展好。

注意力是孩子可贵的心理品质，这种心理品质必须在良好的生活习惯和学习习惯基础上得以培养和发展。但是，在一部分家庭中，长期养成不良的生活习惯，在知不觉中，干扰着孩子注意力的培养。家长为了吸引孩子吃饭，以看电视节目为引诱，一边喂孩子吃饭，一边看电视，这样，既有碍孩子消化吸收，不利健康，又养成孩子"一心两用"的坏习惯。也有的家庭，当宝宝专注地玩的时候，奶奶一会儿问："要不要喝饮料？"爷爷一会儿问："饿不饿？想不想吃饼干？"试问宝宝怎么会专注于手头上的事情呢？宝宝的专注力不是被培养出来的，是被保护出来的。因此，你不分时机地过度关心、干扰宝宝，只会破坏宝宝的专注力。你若以为玩具多、书籍多，宝宝就会很开心，就会增长很多知识，那就大错特错！当然，如果有你在旁边陪伴和指导，宝宝会有一定的收获；如果你只是把玩具和书扔给宝宝自己玩自己看，宝宝很容易形成浮躁和注意力涣散的毛病。因为宝宝一般很快就会厌倦，并不断地更换其他玩具。久而久之，注意力不集中的习惯就形成了。

一位小学一年级的班主任老师告诉我：他们班上有一个学

生,刚进校时,他妈妈很自豪,因为他从小重视"早期智力开发",孩子还未进小学,语文、数学已达到三年级的水平,还自认为自己的孩子是个"神童"。谁知,他的孩子坐在教室里,每个老师对他的评价是:上课独缺专注力!一节课有半节课在开小差、做小动作。像这样的孩子,虽然知识已学了很多,但由于没有养成良好的习惯,学习没有后劲,最终还是输在"起跑线"上。

为孩子创建一个相对安静又安全的生活环境,是培养良好专注力的第一要务。在一个嘈杂的环境中很难专心致志地完成一件事,即便是在玩耍,如果外界干扰过多,也很难做到全神贯注。当宝宝沉浸在游戏中,请远远地陪伴他,以能给他安全感的距离为宜。不要对宝宝的"半成品"评头论足,当他希望你分享他的快乐时再和他分享。比如,在孩子搭积木时,就暂时不要命令他做其他事,千万不要轻率打断孩子的活动,以免阻碍他的思考。还有很多家长在吃饭时都会打开电视机,听听新闻时事,这对大人来说无可非议,但对孩子来说,电视里的声光图像很容易引起孩子分心,因而不认真吃饭。再说安全,孩子缺乏安全感,便无法安心地游戏和学习。

孩子的生活处处充满诱惑,时时都会面对各种外来干扰。要维持长时间、集中的注意力,孩子必须具备一定的自我控制能力。家长可以有计划地在日常生活中,不断向孩子提出适当而合理的要求,培养他们良好的意志品质,鼓励他们按时完成任务,把每一件事做完,不半途而废。培养他们控制自己,并对自己行为负责的能力。

每个家长都是一名画家，孩子都是一张白纸。正在一天一天长大的孩子，究竟是什么模样？他对学习有没有兴趣？上课能否集中注意力？反正，孩子是家长最为得意的"作品"。如果孩子的专注力出了问题，根子还是在家长身上，从家长的教育方式、教育观念到家庭环境等方面可以找到原因。为了帮助家长反省自己的教育行为，请你根据以下十个问题，也许可以找到孩子专注力缺失真正的答案。

微测试 孩子的专注力

1. 你是否给孩子营造一个安静的学习环境？当孩子在专注学习的时候，你是否在一旁打麻将或大声喧哗？
2. 当孩子专注于地上的蚂蚁的时候，你是否能耐心地陪伴？甚至和他一起观察和讨论？当孩子专注于某一件事的时候，你能否换位思考，对他的专注力给予保护？
3. 孩子每天生活是否有作息时间？是否重视培养孩子有规律的生活习惯和学习习惯？
4. 当孩子集中注意力学习一段时间后，家长是否引导他通过户外活动学会调节，让孩子的大脑得到喘息和放松？并随着孩子的年龄长大渐进式延长学习时间？
5. 如果孩子很专注地完成了功课，你能否及时给予鼓励，并增加孩子户外活动或自主安排的时间？还是要求孩子长时间坐在书桌前,不间断地学习?

6. 你是否经常关注孩子的情绪变化,及时倾听疏导,安抚孩子的负面情绪,让孩子天天保持良好的心情。

7. 你是否经常和孩子一起下棋、玩乐器、听音乐、体育运动?在玩的过程中你是否真正投入而且很专注很有兴趣?

8. 你是否经常和孩子一起读书,上图书馆,创导亲子共同学习、相互学习的书香家风?

9. 你是否经常与孩子互动沟通?安排孩子一定的家务劳动,培养孩子善始善终专注地完成每一件事?

10. 你是否注重孩子的饮食和营养结构?(速食、汽水、甜食、煎炸食物,过氧化氢脂肪含量高,会破坏大脑的灵活性;精制的加工糖食品,也会影响大脑的运作;可乐、茶和含咖啡因饮料,会使人躁动不安,应尽量少吃,而应多给孩子吃新鲜又健康的食品。)

第❶❷件事
播下想象力的种子

想象力是智慧的翅膀,有了智慧的翅膀,人才飞得高,飞得远。每个孩子的想象力是无穷无尽的。知识是有限的,但想象力是无限的。想象力是一切创造和灵感的源泉。儿童时代是充满幻想的时代,孩子天真活泼,充满童真,思维很少束缚,想象的翅膀将可带着他们飞向宇宙星空,潜入海洋世界。

科学研究表明:如果一个人在孩提时代想象力得不到发展,将来,他不可能成为诗人、小说家、雕塑家、画家,也成不了建筑师、科学家、法学家和数学家。拿破仑说过:"想象支配整个世界。"这确实是至理名言,拿破仑的话也源自他的行动,他在战争中所制定的战略战术及其宏伟规划都是他想象的产物。那么在日常生活中如何培养孩子的想象力呢?

在观察大自然中引导孩子想象

大自然对孩子来说是一本生活的教科书。家长经常要带孩子走向自然，大自然的一草一木都可以引发孩子无穷的遐想：蓝天中朵朵白云如成群的绵羊；雨后的彩虹如同一座大桥；夜空悬挂的月亮有时像玉盘，有时像香蕉；那绿茵茵的草坪，金黄的沙滩，碧蓝的大海，那白色的海鸥，都可引导孩子去想象，通过想象，成为一幅幅画，一个个美丽的童话，用手中的画笔，用自己的语言表达出来。

在阅读中发展孩子的想象

给孩子提供合适的图书，和孩子一起分享故事描述的情景，和孩子一起想象情节的变化，鼓励孩子想一想故事结局怎样，都是帮助孩子发展想象力的好办法。读故事书时，改变一下读的方法，读一读，停一停，想一想，给孩子一个吸收和连接的时间。

给孩子讲故事，不一定都要把故事讲完，可以讲到一半，让孩子去自编结尾，或者重新设计故事中人物的命运。《龟兔赛跑》第一次比赛，小白兔输了；第二次比赛，小白兔吸取了教训，就赢了；第三次呢？让孩子展开丰富的想象。

在玩耍过程中享受想象的乐趣

玩是孩子的天性，玩是孩子学习的课堂，孩子游戏王国离不开丰富的想象。孩子手中的每个玩具无不是孩子想象的舞台和道具，一根小小的竹竿，在孩子手中可以想象为一匹骏马。女孩子爱玩的"扮家家"，男孩子爱玩的搭积木，都是孩子想象力发展的机会。不只是提供玩具，还要和孩子一起玩，在游戏的过程中和孩子一起想象，"你今天给娃娃做什么饭呀?""我们给大象搭一个家吧?"抱着布娃娃去医院"打针"，去商店"购物"，在玩中展现非凡的想象力。

在绘画中发挥孩子的想象

儿童画的评价标准不是"唯绘画技巧"，更不是以画得"像与不像"为唯一评判标准，儿童画首先应给孩子一个丰富的想象空间。在一次世界儿童画比赛中，一位中国小朋友以《我在月亮下面荡秋千》为题而获得了国际金奖，如果没有想象力，仅仅只是在儿童乐园里荡秋千，那还有什么想象力可言呢?

第⓭件事

倾听孩子心声

亲子情,亲子爱,离不开亲子之间的沟通与交流,这种沟通是平等的,双向互动的,不能让孩子"光听不说",父母也不能"光说不听"。倾听是有效沟通的前提,倾听是父母对孩子人格尊重的体现。只有父母把孩子当作一个真正的人,孩子长大后,才能成为一个大写的人。

有的家长错误认为:教育孩子就是对孩子训斥、命令甚至唠唠叨叨,全然不顾及孩子的感受和想法。长此以往,家长无法走进孩子的心灵,孩子本能地关闭了心灵的窗户。家长只有少说气话,对孩子少训话,多说商量的话,多说鼓励、肯定的话,多多在乎孩子的每一句话,才能真正倾听孩子的话,孩子才能说出自己的心里话。

其实,和谐亲子关系是成功家庭教育的基础。而良好的亲子关系的建构,离不开父母的"说和听",这种"说"不是板着脸"说",不是居高临下地"说",而是以相互尊重和信任为前提,充满家庭温馨和乐趣的"说",不是家长"只说不听",孩子只有听的权利,没有说的自由。亲子之间相互倾听、相互沟通，既是一种分享与交流，也是相互学习、一起成长的过程。这样的沟通，既可拉近亲子之间心理的距离，又是让亲子共同学习在家庭的愉悦中流畅进行。

在日常生活中，父母要鼓励孩子把心里的话说出来，不同的想法，也敢于表达。孩子是否善于表达，敢于表达，与父母是否会弯下自己的身段，学会倾听关系很大。善于倾听的父母在孩子心目中是朋友和"啦啦队"，不是警察、更不是凶神。家长只有善于倾听，才能培养出善于沟通的孩子。善于沟通的孩子，在学校，能处理好同学的关系和老师的关系，进入社会，也能处理好各种复杂的人际关系。

那么，怎样才能使自己成为一个善于倾听的父母呢？

尊重孩子的话语权是民主型家长的起码要求。

（1）营造一个民主的宽松的家庭环境，建立起和谐温馨的人际关系。家长不应该老是板着脸，而是处处带着微笑，让家庭生活充满乐趣和活力。

（2）家长要弯下自己的身段，与孩子平等交流。家庭中的重大事情，也可让孩子参与讨论，发表意见。尤其与孩子有关的事，例周末去哪里玩，到什么"才艺班"去报名学习，多听听孩子本人的想法。

（3）孩子只要开口说话，礼貌的话，精彩的话，真实的话，感人的话，有道理的话，都要给予欣赏，给予鼓励，都要认真倾听，作出积极的反应，不要心不在焉。

（4）家长与孩子沟通的话题不要除了分数，就是考试，凡是孩子有兴趣的，都应该成为亲子之间沟通交流量的共同话题。

（5）每天，在陪伴孩子上学的路上，在晚餐的餐桌上，在孩子入睡前，这三个时段是父母与孩子沟通，倾听孩子心里话的最好的平台和时机。

（6）如果孩子讲错了，家长要认真帮助他加以纠正。让孩子明白学习的过程就是一个知错就改的过程。

（7）如果家长自己讲了错话，家长要勇于向孩子说声"对不起！"

第⑭件事
要放养，不要圈养

难得一个风和日丽的好天气！很多小朋友都在爷爷奶奶、外公外婆带领下在小区的绿树丛中玩耍，有的在骑小自行车，有的在踢小足球，有的在相互追逐，玩"躲猫猫"游戏。唯独我隔壁的小朋友冰冰只能站在阳台，以羡慕的目光看着小朋友欢快的身影，听着他们叽叽喳喳的说话声和欢笑声，他的心早已关不住了，他的心早已跟着小朋友的欢笑声，飞到蓝天下，绿树丛中："奶奶！我要下楼！我要到下面去玩！"奶奶摇摇头："不行！小朋友会欺负你，你要吃亏的！""我要！""不行！不行！外面地上全是泥，衣服要弄脏的！""我要！我要！我要玩！"冰冰一边高声叫着，反抗着，一边向房门口奔去……

冰冰的童年是幸福的。他的玩具堆满整整一个房间，这是他的专用活动室。在这里，他可以搭积木，也可以开小火车，可以看各种卡通画，也可以弹钢琴——这就是他的"生活圈"！他的奶奶把孩子圈在这个小天地里，每隔一段时间，不管孩子是否需要，给他送牛奶，送苹果，送饼干，送巧克力……冰冰的生活是痛苦的！他没有伙伴，没有自由，生活不需要自己动手、动脑,这个"生活圈"就是从他为中心,以奶奶的视野为半径,画个圆。尽管如此,冰冰的生活仍然没有欢乐,没有笑声。生活在十六平方的圈子里的冰冰除了孤独,还是孤独。

今天,冰冰已经长大了!家中的大铁门已经挡不住孩子的两条腿。冰冰已进小学了,奶奶的吓唬再也镇不住他那颗向往外面世界的心!冰冰不管奶奶在声嘶力竭地在后面阻挡,冰冰还是打开铁门,向着门外的楼梯飞奔而去。奶奶这才无可奈何跟随着冰冰来到小区的中央,来到冰冰向往的小伙伴中间。冰冰要到小河边,和小朋友一起看看水中的小蝌蚪,奶奶又张开了她那嘶哑的喉咙:"不可以!这里危险!"冰冰要参加小朋友一起踢小足球,奶奶又叫了:"不可以!足球会踢伤眼睛,太危险了!"冰冰最终还是摆脱不了奶奶给他设定的那一个又一个"圈",他没有去小河边看蝌蚪,也没有加入小足球的比赛,他来到了儿童乐园,与一个小朋友一起翘翘板。这时,奶奶的声音又响起来了:"脚不要抬太高!""两只手拉拉牢!""嘴巴闭紧,这里有灰沙……"冰冰虽然来到了蓝天白云下,来到小伙伴中间,但仍然被套在奶奶的"圈"中,这也不能那也不行。这是一个无形的"圈",奶奶的唠叨,使冰冰无所适从。其实,在奶奶的头脑里,在她的观念中,顽固地画着一个"圈":她心目中的好孩子,对奶奶的话,唯唯诺诺,唯命是从。奶奶这个圈,其实就是一个剥夺孩子成长的"圈",无视孩子成长需求的"圈"。

作为孩子的养育者,不管是爷爷奶奶,还是爸爸妈妈,必须承担一个首要的任务：如何给孩子创造一个有利于孩子健康成长的空间和环境，这个空间是立体的，而不是平面的；这个环境不仅是物质的，还包括精神的人文的。只有这样，孩子才有可能成长为一个健康的人、快乐的人，在这个前提下，才有可能成为一个有作为的人。

奶奶养育自己的小孙子，把冰冰圈在家庭的小圈子里，把冰冰圈在自己有限的生活小圈子里，圈在自己陈旧的思想观念里，似乎这样才是安全的，才是放心的。然而，她却忘了最重要的一点：孩子是一个大写的人！他有人的尊严，他有作为孩子伙伴交往的权利，我们作为他的祖辈，要尊重他成长的权利，满足他成长合理的需求。

玩是孩子的权利，也是他成长的需求。为了让孩子玩得开心，玩得快乐，玩得有收获，玩出水平来，光有玩具还不够，还要有玩伴。今天在独生子女的家庭里，多的是玩具，少的是玩伴！

让我们把孩子从家庭的小圈子里解放出来，融合到社区、融合到邻里的小伙伴的群体之中，让孩子在伙伴交往之中，在与小朋友互动之中，学会合作，学会互助，学会谦让，学会包容，学会责任，学会守信。当然，"小人国"里也会有矛盾，甚至会相互打闹，个别孩子会吃亏，我们大人也不要因噎废食，让孩子学习如何去应对矛盾？学会如何与各种人打交道？认识别人的情绪，调控自己的情绪，这一切将有利于孩子社会化的发展，成为一个适应社会的现代人。

每个孩子的成长是不可抗拒的,家庭教育的最终目的,是让孩子摆脱家庭的"圈养",放手走向独立,走上社会,接受社会的选择。为了让孩子更快地成长,我们反对"圈养",提倡"放养"。所谓"放养",我们要解放孩子的眼睛,解放孩子的嘴巴,解放孩子的耳朵,解放孩子的双手,解放孩子的双脚!给他一个自由发展的空间,给他一个与伙伴交往的环境,给他一个玩的权利,给他一个从"自然人"脱胎为"社会人"洒满阳光的天空。

第⑮件事
大处着眼，小处着手

记得我的外孙犊犊在一周岁生日那天，他的爸爸、妈妈拿出早就准备好的"道具"——一颗大印、一支钢笔、一本书、一把锤子和一杆玩具枪，放在床的四周，让孩子爬着去抓。孩子坐在床的中央，从这头爬到那头，只见他张开右手，把前方的一本书拖到自己跟前，尽管书是拿倒了，但他仍然像模像样一张一张地"翻阅"着……这时围着孩子看热闹的大人们都高兴得欢呼起来了："犊犊长大了一定爱读书！""将来一能考上名牌大学，当个博士！""这么聪明的孩子，让他到美国去留学！"

从那天起，全家对孩子确立了期望，树立了目标。不管是爸爸对孩子的职业期望，还是妈妈对孩子的学历期望，都离不开父母的价值取向——让孩子将来成为一个有作为的人。这是一个非常遥远的大目标，今天，孩子毕竟还小，他还在幼儿园读大班，还没进入小学。但家长对孩子不能没有目标，如果家长对孩子没有目标，哪里还有前进的动力？努力的方向？但光有大目标不行，大目标的实现离不开一个又一个小目标的奠基。如果我们期望孩子成为一个有作为的人，小目标应该是让孩子成为一个健康的人，快乐的人。人生一个"大目标"是平时每一日、每一时、每一刻加起来的"总和"。从那天开始，我们和孩子一起走进人生的"起跑线"，脚踏实地一步一个脚印地，朝着孩子的"大目标"，去实现每天生活的"小目标"——快乐、健康每一天。

如果说实现"大目标"，是一场马拉松长跑，那么"起跑线"便是孩子生活的每一天。为了让孩子成为一个健康的人、快乐的人，我们把这个期望目标分解为"每天独立吃好三顿饭，睡好二个觉，户外玩好一个小时。"为了培养孩子良好的生活习惯，我们对孩子提出"每天坚持六个一"：（1）早晨起床后，喝一杯水；（2）每日一次大便；（3）每天唱一支歌；（4）每天有进步，天天在成长，要为"五角星榜"增添一个五角星；（5）每天锻炼身体一小时；（6）每天要给爸爸妈妈说说自己的心里话。全家统一要求，犊犊做到了，给他一个五角星作为奖励。

孩子的将来，能否成才，是关系到每一家庭发展的头等大事。所以，犊犊的爸妈同周围的家长一样，非常重视孩子的智力投资，抓大事，竭尽全力，从培养孩子弹钢琴到下围棋，但对孩子的生活细节常常"忽略不计"。我们作为孩子的外公外婆，并不认同他们的观点，不是抓"大"放"小"，而应"从大处着眼，从小处着手"。在日常生活中，吃喝拉撒，看似小事，但都关系到孩子能否成为一个大写的人，独立的人，快乐的人，健康的人，适应社会的人。生活处处是小事，正因为是小事，家长不引起足够的重视，孩子在日常生活中常常会"不拘小节"，甚至会"无法无天"。对照犊犊平时生活习惯存在的问题和不足，我们根据"从细节着手，从小事抓起"的原则，对孩子提出"六个要注意"：（1）吃饭不挑食，不剩饭碗，不把饭菜撒落在桌子上、地上，不随便离开座位。（2）节约用电，离开房间要随手关灯。（3）保持房间整洁，看完的书，玩好的玩具都要放回原处，用好的东西不随便乱放。（4）坐要有坐相，两只脚不能搁到桌子上。（5）要耐心听完别人说话，不要随便打断别人说话，要敢于把自己心里想说的话说出来。（6）说话要算数，说到做到。做事要有时间安排，不浪费时间。

　　我们提出的"六个要注意"，他的爸妈听了，却不以为然。认为我们老人有点婆婆妈妈：这点小事，都是鸡毛蒜皮，何必小题大作！他们说："只要学习好，将来考上名牌大学，可以一俊遮百丑。"按照他们的观点：生活中的小事，不必过分计较。到底是抓"大"放"小"，还是"大"处着眼，"小"处着手？我们专门召开了家庭会议，两种观点通过合理碰撞，最后统一了思想，统一了对孩子的教育目标和教育要求。最后的结论是：如果我们期望孩子成为一个有作为的人，那么，首先应让他成为一个健康的人，快乐的人。"成才"是大事，"成人"是更大的事！先成人，后成才。不管孩子将来成为什么样的才，无不建立在"健康生活每一天，快乐生活每一天"的根基，孩子要真正获得幸福，成为一个健康的人，快乐的人，必须让孩子每天做好每一件小事，小事决定大事，细节决定成败。

今天，在孩子吃饭桌子的玻璃板下，压着我们全家对他的要求——"六个要注意"，犊犊能读懂上面的每一个字。每天睡觉之前，他的爸妈都会用这六条总结孩子一天的表现，只要有进步，有成长，都会给予充分的肯定和表扬，"五角星"是给孩子最高的奖励。

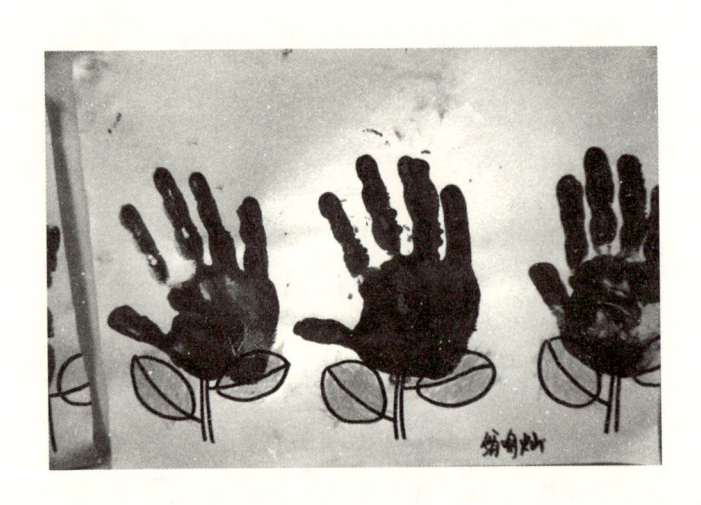

第16件事
注入家庭的文化基因

我家的隔壁住着两个阿宝：男阿宝住在01室，女阿宝住在02室，两人都在同一所小学念四年级。

女阿宝的爸爸是个老板，家里钱很多。她爷爷说："阿宝将来一定让她出国留学，她爸已为她把留学的美金也准备好了。"为了让阿宝读好书，从幼儿园小班开始，她爸爸给阿宝在教育机构报了六门功课。每逢双休日，由她爷爷陪同，并专门聘请了一位驾驶员专车接送，近十年来，阿宝家在女儿身上的教育投资已不下100万。尽管如此，阿宝已开始厌学了，她对爷爷说："爸爸从来不读书，照样赚大钱，我读什么书呢？"

男阿宝的父亲是教师，母亲也是个教师。家里面积不大，家具也不多，但书架有三个，装满了各种各样的书，其中一个书架上放的都是阿宝喜欢读的书。每天晚上，晚饭以后，全家三口都在台灯下看书学习。阿宝从小就喜欢读书，不仅功课好，课外还读了许多世界名著，知识面很广，对数学特别有天赋，是学校里的"明日之星"。

为什么两个阿宝在同一所学校，同一个班级，面对同一位班主任老师，两人对学习的态度却天壤之别？其实，每个孩子对学习的态度离不开其对学习的兴趣和爱好。孩子是否喜欢读书？学习有否动力？离不开他本人的兴趣、特长、天赋、潜能，如果追根寻源，无不来自父母的遗传基因。有的孩子从小就显露出音乐天赋、舞蹈天赋、运动天赋、绘画天赋、语言天赋、数学天赋，有的却表现平平。

科学研究表明：一个孩子的成功32%是由基因决定的，基因与人的天赋潜能有着密切的关系。作为家长，有责任通过各种途径了解你的孩子在学习方面有哪些与生俱来的优势，有哪些兴趣和潜质？对其进行有针对性的培养，因材施教，扬长避短，让其在最擅长领域发挥最大的优势。

一个孩子一个样，每个孩子不一样，说明先天的遗传基因对孩子的影响是客观存在的，是不能忽视的。但后天家庭环境，家庭文化基因在孩子身上无不打上家庭烙印。每个家庭的文化、生活方式、行为方式等因素加起来就成为孩子后天的文化基因。

孩子的情商水平，取决于家庭中与孩子朝夕相处的父母祖辈的情商水平。对生活是否积极乐观？与邻居、朋友、同事交往，合作精神，在困难挫折面前的抗挫能力及自我情绪调控能力。

孩子的智商高低学习能力，也取决于家庭中的学习环境和学习氛围。父母、祖辈是否热爱学习？是否经常读书？每天在餐桌上谈论的话题是什么？父母日常的兴趣和爱好？如在音乐世家，孩子潜移默化，在乐感、听力、乐谱记忆力、音乐，表现力和创造力等方面优于其他家庭的孩子。

男阿宝的家庭是一个典型的学习型家庭，父母经常在灯下学习，家庭藏书又非常丰富，孩子的课外阅读经常受到父母的鼓励，阅读常常成为家庭成员共同话题，孩子的阅读能力，语言理解能力、逻辑能力、表达能力肯定比其他孩子强。

女阿宝是典型的富二代，家庭虽然腰缠万贯，然而家庭没有一点文化，除了阿宝的教科书，家里没有一本课外书，家里大人、老人从来不读书，家里没有书桌，只有麻将桌。所以家庭文化基因不是靠钱堆出来的，也不是把孩子往社会教育补课机构一送了之，更不是通过请个教育保姆就能解决问题的。家庭文化是靠家长身体力行做出来的。要培养孩子读书习惯，父母首先要有阅读习惯。父母视阅读为生活乐趣的一部分，孩子自然会乐于读书。

家长如果能和孩子一起阅读，大家选择自己喜欢的书，各自安静地阅读，相互分享各自的读书心得体会，通过阅读，把孩子引入神奇美妙的图书世界，使他们的生活更加丰富多彩，其乐无穷。可以使孩子从书本中获得人生经验，因为人生短暂，不可能事事都去亲身体验，书中的间接经验将有效补充个人经历不足，增添生活感受。

由此可见，要培养孩子爱读书，读好书，从先天条件看，取决于父母的遗传基因；从后天培养出发，离不开家庭的文化基因。也许后天的文化基因比父母的遗传基因更为重要。如果我们把每个孩子比作一颗种子，遗传基因只决定这颗种子的品种，有的是春天开花，有的夏天开花，有的秋天开花，有的在冬天才开花。各种花虽然品种各异，但开花是早晚的事。但家庭文化基因却影响这颗种子能否发芽、长叶，根能否深深扎进这文化的土壤？一个没有文化的家庭，好比土壤里没有文化的养料，这颗种子难以发芽，难以生根，难以开出文化之花，难以结出文化的果。

第17件事
发现孩子的天赋

我家的小外孙犊犊,今年11岁,在小学读五年级,他一天比一天懂事,一天天在长大。

我与他朝夕相处,一起成长。出于我的职业习惯,也出于我的兴趣爱好,我把他当作我研究、观察的对象。根据《人才学》理论:每个孩子都有自己的天赋,但每个孩子的天赋是不一样的。要让孩子走向成功,关键在于及早发现孩子的天赋,并让其发挥到极致。

犊犊的天赋在哪里?我细细地观察,我苦苦地求索。我努力成为他的玩伴,我们天天和他快乐在一起。我观察他,我跟踪他,我研究他,我力求走进他的内心世界。在生活中,在游戏中,他的兴趣在哪里?他最愿意干的是什么?什么对他最有吸引力?做什么事他最开心、最专心?在幼儿园三年,坐地铁,是他的最爱!最有兴趣干的事是画地图,画他想象的连环画,我常常成为他第一位,也是唯一的读者和听众。但他的天赋在哪里?我仍感到迷茫。

我常对犊犊说:在你的身上,可以发现你爸、妈给你的遗传基因。你的眉毛很浓,你的眼睛很有神,这是你爸给你的基因;你胆子很大,有冒险精神,这是遗传了你妈的基因。遗传物质的核心是DNA,人类有2.5万对基因。30亿对碱基对的排列顺序组成了基因。人类基因组计划（HGP）1985年由美国科学家提出,1990年正式启动,美、英、法、德、日和中国科学家共同合作,于2005年终于完成该项研究计划。在这项课题研究中,研究人员筛选了与儿童天赋有关的19对基因,经十年的检验,一万五千例数据的验证,这一成果已从实验室走向生活医疗,走向家庭教育。正巧,我的一位在生物芯片上海国家工程研究中心、上海分子医学工程技术研究中心工作的学生正在参与此项研究。在我的学生鼓励下,决定以现代科学的手段,通过基因检测,了解犊犊的天赋究竟在哪里?俗话说"无为在行,有为在心"对于天赋,只有发现它,引导它,才能发展它。

一天,天赋基因的检测人员来到我家,不到两分钟时间,便完成了从犊犊的口腔中收集唾液的标本。一个月后,一本厚厚的《天赋基因检测报告》已放在我的面前。打开报告,我惊叹现代科技的神奇和魅力,小小一口唾液,竟可从中获得人体中如此多的信息和秘密!这真是人才学和生物学的完美结合!感谢科研工作者为家庭教育打开了一片崭新的天地!

《天赋基因检测报告》包括两大部分:第一部分儿童天赋潜能独特结构与优势方向,其中包括:学习天赋、情商天赋、性格倾向、音乐天赋、舞蹈天赋、运动天赋、绘画天赋、语言天赋等。第二部分各项天赋培养的建议。包括专家对家庭教育的建议策略及日常生活饮食习惯要求，各类食物、蔬菜、瓜果的营养，及对天赋培养的功效。

以学习天赋与基因为例：学习基因又可分解为：记忆力、注意力、理解力、想象力、逻辑能力、思维敏捷度。犊犊检测结果，是理解力一项为非常优秀，其他各项为良好和一般。根据报告中专家分析与建议是这么写的：对数学、科学、哲学、人文科学的深度学习有利，可挑战高难度、高深度。有利于研究型职业发展。

当然，在今天，很难断言和预测孩子的今后会从事什么职业。但我仍信奉"尽人事，听天命"这一信条。顺其自然，因势利导，有的放矢，为孩子的兴趣爱好提供发展的平台，为他的人生道路树立可望又可及的路标——这才是家长应尽的责任和义务。在他自身要求下，他参加了奥数的学习，也参加了奥数的竞赛，他得了几个奖，很有成就感，也提升了他的自信力。

针对犊犊偏食、挑食的坏习惯，我充分利用这本报告，为孩子补上了《食物营养与智商、情商提升之关系》这堂课。因为在《智商提高之食物种类及功效一览表》中，包括：豆类、海带类、坚果类、鱼类、谷类和果蔬类。在果蔬类里有许多是犊犊"理直气壮"不吃的蔬菜，像茄子、萝卜、莲藕……听完课，他开始把每天吃饭、夹菜与读书、学习、将来成才紧紧地连在一起了，偏食、挑食在我们家从此失去了市场。

孩子天天生活在我们的身边，但他的天赋在哪里？孩子的天赋并非看不见，摸不着，而是实实在在呈现在我们面前，她如同春天刚出土的一棵嫩芽，只要我们用心去观察、去发现，孩子的天赋就会长成一棵参天大树。相反；如果我们视而不见，心不在焉，就有可能把孩子的天赋永远地埋没了，糟蹋了。

第 18 件事

架起家校合作的"桥梁"

教师节前夕,很多家长心里很纠结:社会上似乎已形成了这样一种"尊师重教"的风气,学生给老师献花,家长给老师送礼。家长与家长之间相互攀比,似乎只有"这",才能成为师生关系的"润滑剂"了,把"教师节"异化了,把家长与教师的关系也庸俗化了。如果我们随大流,为"送什么?怎么送?"去犯难,既败坏了社会风气,又不利于孩子健康成长,我们全家经过讨论,决定给老师写一封信。信的内容是这样的:

亲爱的刘老师,您好!

我们是您班级小朋友跃天的家长。犊犊背上书包,跨进小学已经有一个星期了。一个星期来,他正在适应小学的学习生活。一个星期来,在他的身上,发生了很大的变化,有了很大的进步:他晚上9点上床,早上7点起床,没有睡过懒觉。起床后,他能坚持早读和跳绳活动。放学后,他能自觉完成老师布置的作业。他说:他很喜欢上学,他很爱自己的小学。

平时在家里,犊犊会主动帮助外婆做家务,例如倒垃圾、叠被子等。我们希望他在学校里也能热爱劳动，多为周围同学服务，我们希望刘老师在许可的前提下，可以安排他在每日午餐后，帮助老师整理餐具，打扫教室卫生，为班级做些力所能及的事。我们全家都期望他不仅爱学习，而且爱劳动。

刘老师，孩子一个星期来的变化，孩子的进步，也许是微不足道的，也许是刚刚起步，但在我们家长看来，却是值得欣慰和感恩的。因为是您把这个懵懂的小男孩迎进小学校门；是您带领他度过初入小学的每一天；也是您让他爱上了这个全新的生活。这无不是您教育的结果，无不是您辛勤劳动的体现。为此，我们全家向您表示衷心的感谢，在教师节到来之际，代表我们的孩子特向您致以节日的祝贺！

信写好以后，我们先把这封信念给孩子听，孩子听了特别兴奋。他说："我的优点，我的进步，你们都把我写到信里去了。"这极大地增强了孩子的自信心，调动了他学习的积极性。然后，我们把送信的任务交给了他，他非常乐意接受了，我想：通过书信的传递，可以培养孩子与老师交往与沟通能力。

其实给老师写信，是家校沟通的重要管道。现在，随着通信手段的现代化和数字化，很多家长往往习惯于手机电话，把传统的书信沟通却冷落了。家校合作，形成教育合力，这是我们的理想追求。家庭与学校不能相互责怪，而应该相互信赖；家长与老师更不能"老死不相往来"，而是让沟通的管道永远通畅。但沟通的方式应多元的，可以老师访问学生家庭，也可以家长主动拜访老师，家长不能消极等待老师上门。教师向家长告状和家长在孩子面前讲老师的坏话是对孩子的成长不负责的表现,当然是不可取的。

很多家长热衷于为孩子选择一所好学校,学校好固然很重要,但师生关系更为重要。建立良好的师生关系首先是建立在家长认同学校科学的教育理念的基础上,家长与老师相互支撑,相互理解,互通信息,才能真正形成教育合力。师生关系密切了,孩子对学校的情感更深厚了,对学习的兴趣更浓厚了,学习更有动力,学校生活更加增添快乐。

祖辈必须明白的15句话

孩子心声：

☆ 爷爷，你在下雨天来接我放学回家。你为我打伞，还为我背书包；上了公共汽车，你给我让座，你都站着。难道我永远是应该受到保护的吗？难道我永远也不会长大吗？

☆ 奶奶，我的头上还在冒汗，你偏要我把毛线衣穿上；我已肚子吃得很饱很饱了，你偏要我还得喝牛奶，吃面包……难道非让我长成小胖墩？

第❶句话

到位，不越位

社会是个大舞台，家庭是个小舞台。

在这社会大舞台里，60岁以上老人的比例在逐年上升。以上海市为例，60岁以上老人已突破367.32万人，超过全市人口的四分之一。老人赋闲在家，有88.9%的老人承担起养育"第三代"的重任。老年人带孙辈已成为一道当今社会风景线。

在每个家庭小舞台上，今天的爷爷、奶奶、外公、外婆究竟在担当一个什么样的角色呢？他们在家庭中的位置？他们把孩子的养与育放在一个什么样的角度？真是一个家庭一个样，家家都有难唱曲。有个奶奶说："如今我好比又生了一个儿子，从早到晚围着孙子转，甚至晚上也同我睡一张床。我真的被'套'住了。"有两位外公、外婆说："孩子已进小学了，我们一个管他的学习，一个管他的生活，他的爹妈却什么也不管。"在今天的家庭，的确有不少祖辈为了"第三代"夜以继日，任劳任怨，却忘记了自己的定位，忘记了自己应该担当的角色，严重错位、越位，担当起家庭教育的主角。

祖辈不同的角色观念，必然会影响他在养育孙辈过程中的角色行为。根据调查显示：祖辈教育从不同角色观念上，大致可以分为两种模式：责任无限模式；责任有限模式。在成千上万家庭的舞台上，无一可摆脱这两种模式。当然，在这两种模式的前提下，老人们的教养心态、教养水平、代际关系的"三个维度"存在着很大的差异和不同。

何为"责任无限模式"？从时间配置角度：祖辈24小时总承包，孙辈与祖辈形影不离，与自己父母却难见一面。从养育内涵角度：祖辈兼管孙辈生活、教育双肩挑。孩子的父母大多出国留学、外出打工，一两年难得回家一次。从孩子成长全过程角度：祖辈养育贯穿孩子的哺乳期、幼儿期和学龄期，永远无法解脱。孩子逐年长大，老人走向衰老，最后结果是老人力不从心，生活难以为继，教育成为空白。

何为"责任有限模式"？从时间配置角度：有祖辈"日进夜出"的八小时参与；有一周五天工作，双休日与子女交接参与；有爷爷、奶奶与外公、外婆轮换带养共同参与。但不管时间如何配置安排，亲子每日交往时间一般不能少于两个小时，双休日父母应有充分的时间陪伴孩子，共同学习，参与亲子活动。从养育内涵角度：养中有育，育中有养。父母是养育孩子的主角，祖辈积极当好配角。亲子教育和祖辈教育相互配合，形成合力。从孩子成长全过程角度：祖辈教育逐渐淡出是不可抗拒的自然规律。随着孩子进入学龄期，孩子的独立性、生活自理能力在逐渐增强，作为祖辈也要敢于放手，让孩子真正走向独立。

祖辈教育固然是亲子教育的一种补充,但祖辈教育不可能也不应该替代亲子教育。祖辈虽然都有当年养儿育女的经验,但毕竟时代不同了,今天的教育观念和教育方法已发生了很大的变化,过去的经验有的也许已成了一张过了期的"船票"。老人由于受传统观念的束缚,教育观念相对陈旧,接受新事物比年轻人慢。根据调查显示:祖辈能真正成为孩子玩伴仅占45%,老人允许孩子玩,指导孩子玩,与孩子一起玩,他们能成为孩子开心的玩伴。但仍有6%的祖辈并不开心,认为自己太累,有点力不从心。12%的老人没有闲情与孩子玩,17%的老人没有时间与孩子玩,3%的老人认为玩会影响孩子学习。27%家庭把电视当作保姆,看电视成为孩子玩的主要内容。由于"两代人"在教育观念上差异,在养育"第三代"问题上,祖辈与父辈经常发生矛盾与冲突,儿女对祖辈教育的满意率仅占30%。

可以这么说:我国已进入一个祖辈养育第三代的"隔代教育时代"。祖辈的教育观念,教育行为将直接影响下一代健康成长,很多孩子身上的行为习惯和个性品质无不打上"隔代教育"的烙印。有的祖辈在孩子心目中的形象是保姆,有的是朋友,有的是摇钱树,有的是人民警察,有的祖辈成为孙辈不良习气的"防空洞"和"保护伞"……

老人对"第三代"的教育固然有其时间上、空间上的优势,但"隔代亲"往往成为祖辈教育"情感脆弱区",把孩子对祖辈"过度依恋"看作对自己的精神回报。有的老人把孩子捧为"皇帝",自己却沦为"奴隶",心甘情愿丧失自我;有的老人"爱你没商量",剥夺孩子成长的权利,不允许孩子独立;有的老人对孩子的爱是纯物质的爱,片面的爱,低级的爱,是宠爱,是溺爱。调查显示:如果把教育的责任全部推给祖辈,1—6岁孩子在祖辈身边长大,父母错过了孩子的培养良好习惯的最佳期。6—12岁孩子在祖辈身边长大,孩子与父母在情感上的鸿沟难以逾越,亲子之间的沟通会产生障碍。因此,祖辈教育有其利必有其弊。

何谓健康的家庭教育?父母唱主角,祖辈唱配角。亲子教育为主,孙辈教育为辅;孙辈教育是一种补充,不是取代,两者要形成合力。所以对每位身兼爷爷、奶奶、外公、外婆家庭角色的老人来说,必须要正确定位,不错位,不越位;当好配角,不当主角;放弃权威,转向民主;不过度介入子女生活,不丧失自我,变"无限责任"为"有限责任"——这就是每一位老人在家庭舞台中应确立位置与角度。

微测试　你是优秀的祖辈吗?(请根据自己实际情况计分)

☐ 1. 祖辈与孙辈每天相处时间:

24小时(0分);

不确定（1分）；

白天8个小时左右（2分）；

☐ 2. 祖辈与孩子父母在教育观念上：

经常发生碰撞，各行其事（0分）；

虽有沟通，但无法统一（1分）；

相互沟通，能达到统一（2分）；

☐ 3. 孩子父母对祖辈的教育行为：

不满意（0分）；　基本满意（1分）；　很满意（2分），

☐ 4. 你是否认为：孙辈教育仅仅是亲子教育的补充。

不是（0分）；　不知道（1分）；　是的（2分）；

☐ 5. 孙辈教育可以替代父母对孩子的亲子教育吗？

可以（0分）；　不知道（1分）；　不可以（2分）；

☐ 6. 你担当祖辈心态如何？

烦心（0分）；　一般（1分）；　开心（2分）；

☐ 7. 你能成为孩子的玩伴吗？

不能（0分）；　勉强（1分）；　能（2分）；

☐ 8. 你与孙辈在一起，能与孩子交流吗？

不能（0分）；　勉强（1分）；　能（2分）；

☐ 9. 孩子犯了错误，你会向他的爸妈告状吗？

会（0分）；　不知道（1分）；　不会（2分）；

☐ 10. 你与儿女关系和谐吗？

紧张（0分）；　一般（1分）；　和谐（2分）；

☐ 11. 你与老伴在孩子面前一个装白脸一个装红脸吗?

会(0分);　　有时会(1分);　　不会(2分)

☐ 12. 你与亲家在教育"第三代"上能形成合力吗?

各管各,互不通气(0分);

不知道(1分);

经常沟通,形成合力(2分);

说明:

请你把《自测题》的所得分相加,便是你的总分。

1. 如果你的总分在20分以上,你是一位优秀的祖辈,向你表示祝贺!希望你继续努力,不断充电学习,与孩子一起成长。

2. 如果总分在15分以上,你仅仅是一位基本合格的祖辈,离作为一名孩子欢迎的爷爷、奶奶,还有一段不小的距离。老年朋友,仍需努力呵!

如果你的总分在15分以下,为了你的"第三代"健康成长,你有必要与你的儿女作一次深入的沟通,祖辈与父辈有必要重新定位,各自承担自己的角色与责任。

第❷句话

祖辈不要"被爸妈化"

研究表明，城市隔代教养比率不断攀升，和近年来城市家庭"独生父母"现象有关。"独生父母"是指年轻的父母本身也是独生子女，这些家庭中有可能父母双方都是独生子女，也有可能父母一方是独生子女。和普通家庭相比，这类大家庭中的孙辈数量少，物以稀为贵，双方老人纷纷将照顾这唯一的"希望"视为自己义不容辞的责任。

该研究显示，城市家庭中近一半的"独生父母"家庭依靠祖辈来照料儿童，比非独生父母要高出近20%，差异非常显著。而近两年类似的调查显示，这一比例还在不断攀升。

隔代教养现象之所以越来越普遍，和这种教养模式本身的特点和国情有关。就国内的情况来看，隔代教养的最大优势在于代际之间的时间互补：退休后赋闲在家的爷爷奶奶、外公外婆们渴望儿孙绕膝，以享天伦之乐；而年轻的父母们在社会变迁和竞争压力下，希望能把更多的精力投入到工作、学习和自我实现中去；刚刚起步的家政、保姆市场又无法满足这些家庭的需求。于是乎，将孩子交给长辈全部教养或部分教养成为一件顺理成章的事。

住在我隔壁的王奶奶经常在我面前炫耀:"孙子对我可亲了,星期天要去公园,宁要我陪,也不要他妈妈带……"她经常在邻居之间发表感言:"自从自己儿子当上了爸爸之后,我好比又生了一个小儿子。"孙子刚生下来,白天,她管孙子的吃喝拉撒;晚上,还得陪他一起睡觉,半夜醒来喂他喝奶还要换尿布。孙子长大了,进小学了,她和老伴还要管他的语文算术,晚上陪他做功课……学校开家长会,孙子把家长会通知硬要交给奶奶,非要奶奶去参加不可。一天放学,小孙子背着书包奔出学校大门,当着那么多小朋友,不叫她奶奶,叫妈妈。隔壁王奶奶逢人便说:"我辛辛苦苦把孙子养大,总算没白费力,孙子对我特别亲,超过他妈。"脸上洋溢着幸福的自豪。

一个双休日,她的儿子和媳妇总算想到把自己儿子接回家度周末,谁知到了半夜,儿子醒来,又哭又闹叫奶奶,他爸妈无可奈何,在深夜两点给奶奶打电话。奶奶一听到孙子又哭又闹叫奶奶,当即叫了一辆出租车,马不停蹄赶到孙子的身边,总算平息了这场风波。

王奶奶能者多劳,为儿子和媳妇分难解忧,挑起养育第三代重担,固然可敬可佩!然而,她万万没有意识到自己已经跌入"被爸妈化"的陷阱。那么,什么叫祖辈"被爸妈化"呢?所谓祖辈"被爸妈化",就是在养育第三代的过程中,角色的严重错位与越位。由于祖辈的角色错位,造成孩子父母角色的不到位。当然,祖辈的"被爸妈化"多数出于无奈。老人们说：今天社会竞争激烈，儿女工作繁忙，无暇顾及孩子的养育，其实更深层的原因是年轻父母养育孩子责任心的缺失！

其实，祖辈的"被爸妈化"必然会给孩子健康成长带来负面影响。孩子对祖辈的过度依恋，必然会成为孩子与父母之间沟通和亲子情感的障碍。祖辈对孙辈的教育不可能也不应该取代父母对子女的教育。一代管一代，责无旁贷。祖辈对孙辈的教育固然有其时间空间上的优势，但毕竟是一张"过了期的船票"，从教育观念到教育方法已难以适应现代社会对现代人才培养的要求。

另外，父母养育孩子的过程，是父母与孩子一起成长，向孩子学习，学会担当"父教"、"母教"责任的过程。这个过程，作为一个称职的父母，谁也无法跨越！如果哪一位父母，以工作忙，压力大为借口，逃避父母责任，跨越孩子的童年时代，势必在今后的亲子关系上带来阴影，在孩子成长道路上留下一片空白，在两代人沟通中产生不可逾越的鸿沟。凡是成功的家庭教育的父母都有一个共同的体会：那就是"有付出，才会有回报"！不愿在孩子身上付出时间的父母，是个不称职的父母，也不可能在将来亲子关系上获得成功！

祖辈的优势在哪里？

（1）有充裕的时间和空间；

（2）有传统的养育经验积累；

（3）有利于传统文化的传承；

（4）享受家庭天伦之乐。

隔代教育的弊端与误区：

(1) 祖辈"被爸妈化"；

(2) 倚老卖老；

(3) 保姆化；

(4) 把第三代"宠物化"；

(5) 物质至上、文化缺失；

(6) 无视自身不良习惯对孩子影响。

隔代教育与亲子教育的关系：

(1) 父母是主角，祖辈是配角；

(2) 父母的地位与作用是祖辈不能取代的；

(3) 以亲子教育为主，隔代教育为辅，形成教育合力。

祖辈如何才能防止自己"被爸妈化"呢？

在观念上，祖辈要正确定位：当配角，不当主角；不错位，不越位。对自己的儿女可以理直气壮地说："从你们成家那天开始，你们才是小家庭的真正主人，我们祖辈已经不再是你们小家庭的基本成员，而只能算作社会关系罢了。所以，养育孩子，主要是爸妈自己的事！"

要尊重儿女（儿媳、女婿）对自己子女的教育和要求，不在他们面前"倚老卖老"。过去，你也许是一对优秀的父母，但今天未必是个称职的祖辈。

不管是每天儿女下班回家后，还是双休日，只要孩子与他的爸妈在一起，祖辈要自觉退居二线，不干预儿女对孩子的教育，学会"得体地退出"，也是祖辈的一种智慧。

在生活中，不要让自己"保姆化"。家务劳动是家庭生活不可缺少的一部分，对孩子来说，也是家庭教育的重要课堂。家庭每个成员共同承担家务劳动是和谐家庭的前提。祖辈要理直气壮地培养孙辈从小学会家务劳动，父母要为自己的孩子作出榜样。

在孙辈教育过程中，不要让自己的第三代"宠物化"。不迁就，不放任，不溺爱，注重良好习惯和道德品质培养。当今社会，尊重孩子和父母的正确引导是相辅相成的。培养孩子好习惯，该刚则刚，决不放弃原则；尊重孩子兴趣爱好，该柔则柔，不以"家长制"无视孩子的想法和需求。社会上津津乐道的不管是虎妈妈，还是羊妈妈，不过是家庭教育的两个极端。家庭教育的核心是：因材施教，刚柔相济，从实际出发，一个孩子一个样，生搬硬套虎妈妈的"成功法宝"肯定会失败！

祖辈应该成为孙辈的玩伴，但应培养他养成整理玩具的习惯，而不越俎代庖。祖辈可以每天可接送孩子去幼儿园、进小学，但完全没有必要去替代孩子背书包。祖辈应该关心孩子的学习，但没有必要替孙子抄生字，按计算器做加减乘除。

祖辈应该为自己创造广阔的学习和兴趣的空间，让自己的心态"更年轻化"。所谓"更年轻化"，就是要始终拥有一颗不泯的童心，成为第三代的"玩伴"，成为孩子的朋友，向自己的孩子学习，终身学习，不断更新观念，吸收新的知识，使自己与时俱进，永不落伍。只有这样，才能使自己成为现代的阳光老人。

不管是孩子还是老人，都是一个独立的生命体，作为生命，成长是不可抗拒的，孩子天天都在成长，成长是他生命的主旋律。老人在孙辈教育中该如何自我成长呢？只有学习，学习为了更好地成长。学习新的知识，新的观念，只有这样，才能与时俱进，才能成为孩子欢迎的朋友。

微测试

判断题：

1. 老人带孩子只要小孩吃饱穿暖，不生病。

2. 外公、外婆与爷爷、奶奶对第三代教育是"水牛角，各管各。"

3. 如果祖辈与儿辈在教育孩子问题上产生了矛盾，要听老人的，因为老人是过来人嘛！

4. 只要孩子听话，老人多给他一点钱，多给他买点零食，作为奖励。

5. 隔代教育等于祖辈再生一个小宝宝。

6. 老人在子女家里带孩子，实际上是不拿工资的钟点工和保姆。

问答题：

7. 隔代教育的利和弊在哪里？

8. 隔代教育如何正确定位？

9. 如何才能让家庭对孩子的教育真正形成合力？

选择题：

10. 如何才能使自己成为一名阳光老人？（开心、开明、开窍）

11. 怎样才能使孩子健康成长？（注重营养、重视教育、体育锻炼、心理健康、良好习惯）

12. 如何处理好与儿女关系？（多沟通、向年轻一代学习、跨越代沟、树立老人权威）

13. 如何才能处理好与亲家关系？（沟通交流，包容宽容，保持远距离）

14. 怎样才能成为孩子的玩伴？（要有一颗童心，要有好的身体，要牺牲自己的兴趣，要有更多的时间）

15. 怎样才能使老人不"被爸妈化"？（正确定位，学会说"不"，培养儿女的责任心）

16. 怎样才能使孩子不被"宠物化"？（不溺爱，不包办，不剥夺孩子成长的权利）

17. 祖辈在家庭中的角色是（保姆，车夫，陪读，朋友，玩伴，拉拉队，警察，教师）

18. 当一位成功的爷爷、奶奶的关键是……（终身学习，调整心态，处理好家庭人际关系）

第❸句话
从"三个维度"提高祖辈教育质量

每个孩子生活的家庭环境不是单色的,是多彩的,是千姿百态的。当今,尽管祖辈教育已成为家庭教育不可缺少的组成部分,祖辈参与养育"第三代"已成为一种社会现象,然而,祖辈教育在各个家庭中从观念、方法、实效、质量各不一样,如何来评估不同家庭中的祖辈教育?离不开"祖辈心态、家庭人际关系和教育水平"这"三个维度"。可见祖辈教育不是平面的,是立体的;不是单元的,是多种色彩的调和物。

祖辈心态

祖辈,不管是爷爷、奶奶、外公、外婆,不管他们学历层次、退休前的职业岗位如何,当他们在家庭中的角色发生变化以后,从孩子的爸爸、妈妈升格为"第三代"的爷爷、奶奶、外公、外婆,他们成了祖辈教育的实施者。他们的心态如何,极大地影响着孙辈心目中的形象,当然也左右着祖辈教育的质量。因为心态改变,你的方法跟着改变;方法改变,祖孙关系跟着改变;关系改变,教育效果跟着改变。

有的老人虽已步入老年，但依然充满阳光和活力，他们已摆脱了功名利禄的诱惑，依然精神饱满，热情坦率，诚恳待人，助人为乐，以长者的风度和慈祥与家人共处、共融、共乐，以感恩的心态，面对社会、面对家庭、面对生活。这样的老人属于阳光型的心态——他们快乐生活每一天，能调适自己的心态，把不良情绪及时扔进"垃圾箱"。

还有为数不少的老人患上"焦虑症"。当他们进入祖辈角色那天起，面对"第三代"一天天长大，凡事他们享受不到快乐，处处提心吊胆，愁眉苦脸：孩子会走路了，他们担心孩子会摔跤，会骨折，会受伤。于是祖辈不愿放手让孩子独立行走，宁可自己抱着孩子走。孩子要和小伙伴一起玩，老人又焦虑了：孩子与小朋友在一起，会不会被人家欺侮？会不会让孩子吃亏？在小区玩会不会给蚊子咬了？小朋友之间会不会打架？焦虑的结果，还是把孩子关在家里，如同锁在"保险箱"！孩子上学了，老人更焦虑了，孩子对小学的学习生活能否适应？老师会不会喜欢他？如果考试开"红灯"怎么办？班上拿不到第一名怎么办？将来考不上重点中学怎么办？一句话：老人如同戴上了一副墨镜，一天二十四小时，他永远生活在焦虑的阴影中，看不到孩子的发展、成长、进步和亮点，孩子也难以得到他的掌声和鼓励——这就是焦虑型心态。

在我们的周围，总有这么一个群体：每天都在牢骚中度过。今天，他们虽已从岗位上退休，再也没有年轻时代攻读学位的压力，也没了功名利禄的诱惑，更没有了晋升职称的烦恼，然而，他们的心一时还难以平和，难以淡泊，他们还耿耿于怀，心怀不满，他们对社会有牢骚，对领导有牢骚，对儿女有牢骚，对家庭有牢骚，有时牢骚没处可宣泄，孩子便成为其宣泄的对象；在孩子的眼睛里，爷爷、奶奶脸上没有微笑，没有慈祥，除了训斥便是每天向孩子爸妈告状！这样的老人，不可能成为孩子的玩伴，孩子不可能在与祖辈互动中收获快乐；这样的老人，不可能弯下自己的身段，与孩子平等相待、沟通互动。他们往往是居高临下，不是命令便是训斥。在孩子心目中，祖辈的形象，只有可怕，没有可亲——牢骚型心态。

还有一部分祖辈，他们天天生活在自我矛盾之中，生活在主观与客观的矛盾之中，生活在理想与现实的矛盾之中。有的老人说："我的身体一天不如一天，我人老体衰，但儿女双脱手，把孩子扔给我们，不但要管孩子的生活，还要管他的读书。"他们无可奈何！有的老人有着自己的教育理想与追求：孩子应该拥有自己快乐的童年，不要剥夺孩子玩的权利。然而，"不要让孩子输在起跑线上"如同汹涌的洪水，吞没孩子，也吞没自己。他们无奈把孩子的双休日排得满满的，如同赶场子一样，把孩子送进各种兴趣班、特长班……这就是老人的无奈！面对学校教育的升学指挥棒，老人感到无奈；面对自己下一代的种种啃老，老人除了无奈，还有什么呢？这一群体，我们称之为无奈型心态。

人 际 关 系

每个老人每天要面对家庭各种复杂的人际关系，除了夫妻关系之外，与儿女、媳妇、女婿；与亲家、与孙辈。处理好复杂的家庭人际关系，需要老人博大的胸怀和宽容的气度。一位老人如果能终身学习，不断接触新事物，不"倚老卖老"，弯下身段向年轻一代学习，以智慧来调节家庭中各种矛盾，以宽容和包容调适自己的心态，这就是一位长者在家庭中的风度。

在"三代同堂"的家庭中，作为孩子的父母，往往把"亲子关系"凌驾于夫妻关系之上，作为孩子的祖辈，常常重视祖孙关系的建立，却把与儿女、儿媳、女婿的代际关系处理得很糟糕。其实，良好的夫妻关系的建立对孩子来说非常重要，如同孩子有了一个安全的家庭港湾，而和谐的代际关系对孩子来说是一所重要的学校，让孩子学习如何做人，如何相处，如何相互尊重和相互信任，让孩子体验到家庭的快乐、和睦、平等和爱，有助于提升孩子自信心和共情能力，有助于形成积极乐观阳光的人格。

凡是老人能正确处理代际关系的，夫妻关系健康的，家庭成员之间能相互尊重关爱的，不管其家庭经济收入如何，物质条件是否优越，都可称之为"和睦温馨型家庭"。在这样家庭中，老人为什么能正确处理与儿女、儿媳、女婿关系，不管面临什么矛盾，婆媳之间都能和睦相处，而且在儿子面前从不说媳妇坏话，其实并非媳妇没有一点儿缺点，更不是说媳妇"十全十美"，而是老人有一颗包容、宽容的心。

在"三代同堂"的家庭中，两代人之间的"代沟"是不可避免的，家庭生活中的各种矛盾更是客观存在的，只要人与人之间沟通管道畅通无阻，只要家庭中的每一成员都能艺术地掌握沟通的技巧，两代人之间的代沟可以跨越，一切矛盾都可化解。通过沟通，统一教育观念，形成教育合力；通过沟通，消除误会，增进信任和团结。有的家庭，每天晚间的晚餐桌便成了全家交流沟通的平台，沟通协调型家庭的老人能掌握一把人际沟通的万能钥匙，学会倾听，学会感恩，学会说话——冷冰冰的话，加热了再说；批评人的话，一对一地说（要顾及别人的自尊）；欣赏人的话，不要不舍得说。这样的老人就是一位现代老人，一位有智慧的老人。

但也有一些老人经常在外人面前说媳妇的坏话，这样"亲人"变成了"外人"，甚至"外人"也会发展成"仇人"。也有一些老人习惯每天等儿女下班回家，抓住孩子在一天生活中的"鸡毛蒜皮"，向他的父母告状，借孩子父母之手，来惩罚甚至打骂孩子，这样的祖孙关系不紧张才怪呢？在家庭中，经常为了孩子的教育，甚至生活中的琐事，产生矛盾，发生"战争"。这种战争，不仅给孩子带来伤害，而且在家庭成员之间形成鸿沟，矛盾冲突型家庭终日生活在"战争的硝烟"之中。

有的家庭虽然没有"战争"，但孩子所感受到的是家庭成员之间的"冷暴力"。有的老人生活在当下，少了一颗感恩之心，在他（她）的记忆中，对家庭成员中某些人的恩恩怨怨，不舍得丢弃，不舍得遗忘，终日耿耿于怀，日积月累形成隔阂。有的家庭，夫妻之间产生了矛盾，可以一个月相互之间不说一句话。孩子说："早晨，爸爸、妈妈悄悄地离家去上班，夜晚，爸爸、妈妈又默默地回到家。晚餐桌上只听到碗筷声，没有笑声，没有说话声。"有的家庭祖辈与媳妇、与女婿之间沟通产生了障碍，孩子成了信息沟通的传递者。隔阂冷漠型家庭缺少的是家庭成员之间的理解、沟通、感恩与宽容，孩子成了第一受害者。

教育水平

现代老人的基本特征是终身学习。这样的老人在教养"第三代"过程中能与时俱进，不断转变教育观念，在与孩子交往中有一颗永不泯灭的童心，在与孩子沟通中才会有与孩子共同的语言，而少了愚钝和木讷，真正成为孩子的玩伴与朋友。现代老人在养育孩子过程中，没有放弃教育的责任，而且把教育渗透在生活的每一细节之中。在教育孩子过程中，老人能尊重孩子的人格与尊严，培养孩子的独立精神和生活自理能力，不越俎代庖包办代替。教养结合型家庭的特征：家庭是孩子第一所学校，生活是孩子第一本教科书。让孩子在生活中学会做人，从小培养孩子良好的生活习惯，祖辈是孩子一位称职老师和学习楷模。

有的老人升格为爷爷、奶奶、外公、外婆以后，自以为是，摆老资格，吃老本，自己不学习，不接触新事物，说什么："当年我当爸爸、妈妈不是当得很好嘛！对小孩，不打不成才！孩子不听话，最好的办法就是打屁股。"说到孩子的教育，老人嗤之以鼻："小孩懂什么？只要每天给他吃饱穿暖不生病就可以了！"他们没有看到时代在发展，社会在进步，三十年前的老观念老办法已经失灵了。他们把现代的教育理念、现代教育方法拒之千里之外，我行我素，一句话：他们把孩子当作私有财产，缺少的是一种社会的责任感——这就是"倚老卖老型"。

溺爱和浮躁是当今家庭教育的一种"常见病"和"多发病"。"隔代亲"又是祖辈情感中最敏感又是最脆弱的一根神经！老人在享受"天伦之乐"的同时，把孙辈当作"宠物"，对孩子无原则迁就的多，过度保护的多，他们片面地认为：对"第三代"的爱，就是物质上的给予与满足，有的老人甚至把对"第三代"的爱作为对自己儿女的情感上的补偿。溺爱浮躁型家庭的基本特征是祖辈对"第三代"的爱缺少原则，缺少严格要求。祖辈期望孩子成才，虽有目标，但没有实现目标的途径与方法，他们重视结果，却不重视过程。他们恨不得孩子一夜之间成才，缺少的是脚踏实地与孩子共同成长的过程。所以这样建立起来的目标往往成为梦想和空想。

现代家庭的特征是一个孩子的背后站着四位老人和两个大人。父母的亲子教育和来自四位老人的祖辈教育能否形成教育合力是教育成败的关键。有的家庭祖辈教育与亲子教育自相矛盾，孩子无所适从。在对孩子教育要求上，两种标准，两种要求，两种声音，从小培养孩子双重人格。有的两亲家之间我行我素，在孩子面前我敲我的锣，他打他的鼓，两种教育目标，两种教育方法，相互之间不沟通、不协调，无法形成教育的合力。矛盾冲突型家庭的主要责任在祖辈。祖辈如果能正确定位，只当配角，不当主角，祖辈就应该自觉维护自己儿女在家庭教育中的权威，不应让祖辈教育的错位与越位来干扰亲子教育的实施。解决矛盾冲突型家庭的有效途径是打通两代人之间和两亲家之间沟通的途径，家庭中的四位老人和两位大人只有共同学习，共同转变教育观念，才能真正形成教育合力。

从"三个维度"来评估每个家庭的祖辈教育，不同家庭有不同的祖辈教育。不管如何，高质量的祖辈教育离不开祖辈阳光的心态、和谐的家庭人际关系和科学的教养方法。如何实现"三个维度"的最佳状态？"开心、开明、开窍"——愿每一位老人成为这样的"三开老人"。

微测试

读了"评估祖辈教育的'三个维度'"一文，联系你的实际，不妨给你家庭的祖辈教育打分。如果你三项的总分是12分，为优秀；8分为良好；4分为及格。

评分标准：

祖辈心态：阳光型心态（4分），焦虑型心态（0分），
　　　　　牢骚型心态（0分），无奈型心态（0分）。

人际关系：和睦温馨型（4分），沟通协调型（4分），
　　　　　矛盾冲突型（0分），隔阂冷漠型（0分）。

教育水平：教养结合型（4分），倚老卖老型（0分）

溺爱浮躁型（0分），矛盾冲突型（0分）。

第 ❹ 句话

要扬长，更要避短

每个孩子的背后，除了他们的爸妈之外，还有四位老人，那就是他们的爷爷、奶奶、外公、外婆。在上海，乃至全国，"祖辈接送孩子上学，参与孩子的生活照料、学习辅导。"已成为当今社会的一道风景线。

祖辈教育好不好？有人说：她有助于加强三代人之间的情感联系，丰富孩子的情感体验，建立对家庭的责任感和归属感；有助于分享两代人的生活经验，让孩子得到更多更好的照顾，促进他们身心的健康成长；同时，在一定程度上缓解年轻父母的工作压力和家庭负担，有利于他们的职业发展和社会适应，创造更多的家庭财富。

但是也有人说祖辈教育不好。两代人由于不同的成长经历和教育背景，在生活理念、行为习惯和具体教养方式上存在很多分歧，这会引发家庭内部的矛盾和碰撞；不一致的教养态度也会损害家庭教育者的整体权威，导致孩子无所适从或者两面派。祖孙关系越亲密，孩子越可能依恋老人而疏远父母，这种关系会成为健康的亲子关系的障碍，破坏原有的家庭功能，削弱父母的育儿成就感，甚至产生被忽视或排斥的感受，容易引发婚姻和家庭危机。此外，出于补偿心态，很多祖辈对孩子的要求总是尽可能满足，对日常偏差行为缺乏必要的管教和约束，纵容、溺爱和包办，容易使孩子形成任性、懒惰、依赖和缺乏责任感等不良性格特征。

那么，如何让祖辈教育扬长避短呢？首先，每一代人都有自己的文化和观念，两代人之间应该求同存异，在相互尊重、理解和信任的基础上学会包容和接纳。其次，两代人在养育过程中要正确定位，分工协作，在家庭教育观念上加强沟通，达成共识，尽可能保持一致的教育态度和方式。祖辈要清楚自己的角色定位：当配角，不当主角；不错位，不越位，不包办或者替代父母的责任。父母也要学会感恩，祖父母并没有义务照顾第三代，因此，对于老人的付出要心存感激，日常生活中身体力行，用心尊重和孝敬老人，给孩子树立一个好榜样。

案例分析

[案例] 萍萍为何不愿去奶奶家？

萍萍已是小学二年级的学生。萍萍的爷爷、奶奶和外公、外婆虽然同住一个城市，却没在一起生活。每逢双休日，萍萍的爸妈会带着孩子去爷爷、奶奶和外公、外婆家。最近，萍萍突然对爸妈提出："今后，我只去外公、外婆家，不去爷爷、奶奶家！"这是什么原因呢？

原来外婆特别宠爱萍萍,每次外孙女上门,不是给零用钱就是带她去买一大堆零食。奶奶却不是这样,老人见孩子身上不良习惯,奶奶总严格要求:吃饭不剩饭碗,平时不吃零食……

[分析]

如果我们把祖辈教育形象地比作一道数学题,外婆、外公的教育是"1",那么爷爷、奶奶的教育也是"1",如果"两亲家"在"第三代"教育问题上,从教育目标到教育方式都保持一致,形成合力,那么这道题"1+1"的答案应该是"2",甚至可大于"2"。相反,"两亲家"如萍萍的祖辈那样,你敲你的锣,我打我的鼓。对孩子的教育形成鸿沟或者缝隙,那么,萍萍爷爷、奶奶对孙女的严格要求就会付之东流,萍萍的外公、外婆有可能成为孩子不良习惯的滋生地和防空洞,那么1+1的和便有可能等于零。

"两亲家"不可避免在文化背景和生活习惯上存在一定差异,但在教育观念和教育方式上只要通过相互沟通,扬长避短,总可以达到统一。从另一方面来说,隔代教育只是一种补充,而不是替代。作为萍萍的父母应发挥教育的主导作用,对外公外婆的宠爱,不能视而不见,放任自流。

给萍萍爸妈的建议:

(1)对萍萍外婆的宠爱学会说:"不!"

(2)给"两亲家"创造一个沟通交流、统一教育观念和教育行为的平台。

（3）逐步让孩子懂得祖辈"严格要求"其实是一种真正的爱。

[案例]　外婆变成了妞妞的防空洞

妞妞是班上有名的胖墩，她曾创造了一顿吃了五块大排骨的纪录。

一天，全家正围着餐桌吃晚饭。妞妞对着眼前一盆青菜似乎视而不见，双眼却盯着桌上一碗红烧大排骨，正要下手……妈妈立刻夹起青菜朝她碗里放。妈妈说："多吃蔬菜，否则怎么减肥？"这时，妞妞不高兴了，眼眶里的泪水涌出来了，她把目光投给坐在对面的外婆，外婆看到外孙女的泪水，心软了："算了，算了，小孩子爱吃什么，就让她吃什么……"一边说一边用筷夹起一块大排往妞妞碗里放。

[分析]

在三代同堂的家庭里，祖辈与儿辈不可避免在教育观念上发生碰撞与冲突，但这种碰撞与冲突，尽可能不要暴露在孩子面前。妞妞的外婆在教育第三代问题上，不能正确定位。妞妞的父母，理所当然是孩子的监护人，是家庭教育的主角。面对妞妞父母对自己女儿的教育，不管你有何不同看法，最起码要守住教育的底线——维护孩子父母的权威，保持教育的统一，自觉退居二线。

妞妞外婆对外孙女的爱是可以理解的，但这种爱不能离开原则，不能离开严格要求，否则，这种爱成为宠爱、溺爱，成为孩子不良习惯的"防空洞"或"保护伞"。

祖辈固然有自己以往的育儿的经验和心得，但合格的祖辈教育离不开老人自身的充电学习，自我改变。如果老人靠老经验、老办法，倚老卖老，那么，对孩子健康成长所带来的结果有可能是负面的。如果老人不能改变自己，最终也不可能改变孩子。

给妞妞外婆的建议：

（1）当孩子爸妈在教育自己孩子的时候，祖辈绝对不要干扰。在教育孩子问题上，一个家庭不允许有两种不同的声音。最起码要管住自己的嘴，保持沉默。何况孩子妈的教育是正确的，应该旗帜鲜明表示支持。

（2）如果有不同看法，可在孩子不在的场合里，心平气和与女儿沟通。但最终要服从一个出发点：有利于孩子健康成长。

[案例] 爷爷缘何变成了当当难以脱手的拐杖？

当当从进小学第一天起，因为爷爷退休在家，便成了孙子陪读的"第一人选"。小学一年级，当当每写一个字，爷爷坐在一旁，都"严格把关"，哪一笔写歪了，爷爷都会代他用橡皮擦去重写；二年级时，当当做的每一道数学题，爷爷都会用计算器帮助复核；三年级了，爷爷变成了当当的字典，哪个字写不上来，爷爷召之即来。考试之前，爷爷帮助当当作系统复习，并进行模拟考试。然而，这次考试成绩并不理想。老师问当当:"为什么这次数学开了红灯?"当当理直气壮回答:"这几道题爷爷都没有帮我复习,我也没办法……"

[分析]

"陪读"并非"替代孩子学习",陪读的最终目的是为了"不陪",培养孩子独立学习的责任感。当当爷爷的陪读越俎代庖,其结果是助长孩子的依赖和缺乏自信心。

每天放学完成自己的作业,这是每个孩子必须承担的责任和义务。独立认真完成作业,这是每个小学生必须培养的学习习惯,有了这个好习惯,对孩子的一生来说,可谓"一本万利"。

当当的爷爷对孙子的养育方法仍定格在幼儿阶段,其实,孩子已经长大了,他正在走向独立,走向自主。作为祖辈不要无视孩子成长的要求,不要剥夺孩子成长权利。该放手时要放手,让孩子自己学会学习,让孩子自主学习,不要成为孩子的拐杖,以至造成孩子在心理上严重缺钙,永远无法长大。

给当当爷爷的建议:

(1)当当放学回家,给他创建一个安静的学习环境。不管是打麻将的看电视的,一切都该让路,服从孩子的学习。

(2)给孩子一闹钟,让孩子学会把握时间,提高学习效率。

(3)把检查作业的责任还给孩子。爷爷没有必要对他的每一习题进行复核,如果错了,让教师去批改,打叉也并非坏事。

第❺句话
两亲家要形成合力

今天的孩子是在三个家庭,两个大人,四位老人共同聚焦下成长起来的一代。爷爷奶奶、外公外婆来自不同文化背景和生活环境下的"两亲家",面对第三代的教养,在教育观念和方法上的碰撞与冲突是不可避免的。调查结果显示:共同面对第三代,两亲家关系和谐,有沟通,有合作,仅占65%;两亲家之间在教养"第三代"上互不交往,自有一套,相互"走调"的占30%;两亲家之间为了第三代曾经发生过口角、矛盾和冲突的占3%。

孩子外公外婆与爷爷奶奶在教育观念和教育方式上的差异是客观存在的。但为了第三代的健康成长,两亲家必须不断充电学习,接受现代的教育观念和科学的教育方法。培养孩子健全的人格和良好的生活习惯、学习习惯是孙辈教育的首要任务,两亲家在对第三代教育行为中都应服从这个目标,不能各行其是,倚老卖老。两亲家在教育第三代的过程中,双方拥有的教育资源不可能完全均等,教育经验也各有所长,各有所短。双方都应扬长避短,优势互补,求得最佳的教育效果。

为了第三代健康成长,"两亲家"之间要和谐相处,相互尊重,相互学习,加强沟通,形成合力。作为孩子的父母要为他们搭建交流学习的平台,提供沟通的管道,特别是作为孩子的父母要承担起协调"两亲家"关系的主要责任,以求得在科学理念的前提下,对共同的下一代,在教育目标上求得一致,在方法上走向趋同,使"两亲家"的家庭教育环境实现"无缝隙"衔接。

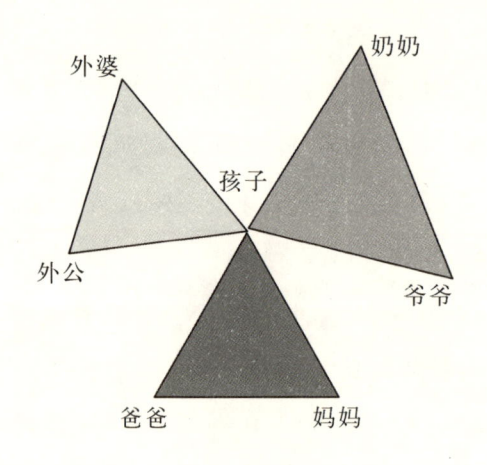

以孩子为中心的三个"三角形":爸爸、妈妈和孩子组成一个"三角形";与爷爷、奶奶与孙子组成一个"三角形";外公、外婆与外孙组成一个"三角形",对孩子来说都是一种教育力量。

这"三种力量",从观念到方式、方法,如何形成一种合力,特别对两亲家来说,如何真正做到无缝隙的衔接,为孩子创造一个统一和谐的成长环境呢?

"两亲家"之间在教育"第三代"问题上出现了矛盾和缝

隙，是两家"不同文化之沟"造成的，是两种教育观念碰撞的必然结果。两亲家在教育第三代上的不统一，甚至成为"对顶角"，两个家庭互相"较劲"（下图），必然会导致孩子在心理上无所适从。甚至导致孩子成为"两面人"。如果两亲家的矛盾暴露在孩子面前，孩子缺少了生活的安全感，甚至会产生恐惧感，孩子有可能成为"两亲家"矛盾的筹码和牺牲品。

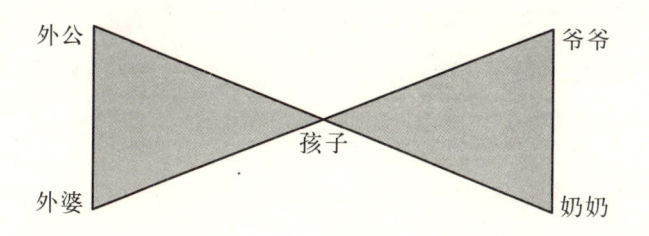

```
外公                              爷爷
            孩子
外婆                              奶奶
```

如何发挥孩子父母的桥梁作用，沟通协调，统一教育观念和教育方法，是解决两亲家在教育"第三代"问题上互相冲突甚至相互抵销的根本出路。当然，对"两亲家"老人而言，为了孩子健康成长，"两亲家"都要做好自己的"加减乘除"：

加法：两亲家要各自发挥优势，扬长避短，形成正向合力，只有这样，1+1＞2，整合两家教育资源，特别是家庭的人才资源和文化资源，以利孩子成长。

减法：两亲家在孩子面前要减少唠叨，在儿女面前要减少告状，在亲家面前要减少相互猜疑和不信任，减少因两亲家之间的不和谐给孩子带来的负面影响。

乘法：两亲家之间只有相互尊重，加强沟通，学会感恩，学会欣赏对方，创导良好家风，重视家庭人文关怀，以"家庭成员的共同学习"乘以"自我改变"的速度来提升家庭文化氛围。

  除法：两亲家老人带孩子，要除去"倚老卖老"，对孩子不要居高临下；要除去"不良生活习惯"，以免给孩子造成不良的影响；要除去陈旧的观念；要除去对儿女在家庭教育中不必要的干预。让孩子父母成为家庭教育的权威，增强家庭的正能量。生活其实也很简单，每个家庭只要做好自己的算术题，该加则加，该减则减，"加减乘除"，可以让生活更美好，让两亲家关系更和谐，让第三代的成长得更加健康。

第❻句话

代沟可以跨越

我心爱的女儿、女婿：

你们好！

我们之间尽管天天通电话，但这几天与你妈在一起，稍不留心就回忆起我们过去成长的年代，想起我们建立这个小家庭四十四年来的风风雨雨和日日夜夜。我们是共和国的同龄人，我们经历了祖国每一场灾难和不幸，从三年困难时期到十年"文化大革命"，我们是在国家经济非常贫困、物质绝对匮乏的年代里长大的。在我们身上流动的血液里，无不渗透着一种精神；在我们身上的每一根骨头上，无不镌刻着一种品质；那就是四个大字：勤俭节约。

记得从60年到63年，这三年是我在同济大学预科求学的三年，正巧又是我进入青春期的三年，更是国家面临困难的三年。在这三年时间里，我寄宿在学校，每顿的伙食是两只高粱窝窝头加花菜叶梗煮的汤。一个月三十三斤定粮，对一个处于发育阶段的青年学生来说，天天处于半饱半饥的状态，学校把每天早上广播操、晨跑都停了，体育课也停了。然而，我们每天晚上的晚自修天天到九点钟，我们依然珍惜分分秒秒，勤奋学习，晚自习教室安静得一根针落地也能听到其声音。是那个年代，造就了我们一种共同的品质：珍惜每一粒米，珍惜每一滴水，珍惜每一张纸，珍惜每一分、每一秒……这就是时代的烙印，这就是家庭环境的熏陶的结果。

今天，改革开放二十年，使中国老百姓的生活发生了翻天覆地的变化，我们家庭的物质生活也有了极大的改善，你妈再也不需要为柴米油盐去担忧，我们不再为蜗居的冬冷夏热而烦恼。虽然家庭住房改善了，物质生活条件优越了，但是，我们这一代人已养成了一种习惯：饭桌上掉下一粒饭、一叶菜，我们都会随手捡起，放到自己的嘴里，决不随意浪费。每当我们看到小犊犊吃饭时，浪费粮食，饭桌上经常洒满饭粒，我们看在眼里，痛在心里。很自然会想到曾经饥饿的年代，想到祖母的一句口头禅：一粒米，七担水，来之不易呀！

随手关灯，节约用电，节约用水，节约用纸……这一切，似乎都是生活琐事，在你们的眼里，对孩子来说，也许都是区区小事，比起读书学习，考试分数，更是不足挂齿。似乎在今天，勤俭节约早已不适时宜了。从家长的责任来看，孩子的学习高于一切，其他都可忽略不计。持这种观点在当下不是少数个别家庭，因此有必要在此共同讨论和沟通。只有这样，我们在教育问题上的代沟才能真正跨越，两种教育观念只有通过相互碰撞，才能达到统一，形成教育合力。

我经常在思考这样一个问题：犊犊的降临，是大家的希望所在，更是我们家庭血脉的延续。我们老一辈对下一代的期望是"一代更比一代强"。我相信：我们的第三代将来，不管是受教育的程度，还是经济条件、生活水平一定会大大超越我们，这是毫无疑义的。然而，我们家庭的优良传统，勤俭节约家风能否代代相传？一代好家风的传承，不仅体现了家庭文化的延续，更体现了新一代对老一辈的尊重和肯定。

我和你妈都出生在一个普通的工人家庭。我们的父母虽然文化程度不高，但注重文化，重视家风、家规。他们的一生的是善良的一生，勤俭节约的一生。他们奉行"与人为善，助人为乐"的做人准则，以至我兄妹五人，无一不把"善"字放在名字的中间。因此，"善"已成为我们这一代人的基本品格，"善"伴随我们一生：善待自己，善待他人，善待自然。

今天，我们在家庭生活中，面对每一粒米，每一度电，每一滴水，每一张纸，请不要仅仅理解为是几元钱的问题，这是作为一个家庭优良传统，良好家风是否后继有人，代代相传的问题；作为一个地球人，如何珍惜地球资源，保护环境，以利子孙万代的问题；更是一个家庭能否以家庭健康文化造就下一代健康品格的问题。我们不希望我们的下一代成为大手大脚的小少爷，我们期望我们的犊犊，既要成为现代社会所需的才，更应该成为一个具有勤俭节约品格的大写的人。

对你们来说，今天承担着既育人又育才的双重任务。从某种角度而言，育人比育才更为重要，更为艰难。从小培养孩子拥有一颗善心，他才会善待地球，善待自然，善待他人，善待自己；从小培养孩子拥有一颗爱心，他不仅拥有被爱的权利，更应有爱父母，爱他人，感恩社会，爱惜一切劳动成果的责任。这种教育，不仅仅体现在我们的言，更重要是要成为代代相传的家风。家风，似乎看不见，摸不着，但一旦溶入我们每一家庭成员的血液，便会产生无穷的力量。

　　你们，是我们心爱的，并引以自豪的女儿和女婿，你们是用整个心在关爱教育着我们的小犊犊，小犊犊不仅是你们俩人爱情的结晶，更是你们共同担当教育的成果。为了小犊犊的健康成长，为了一代家风的延续和传承，让我们共同努力。

　　这是一封写给你们两人的家信，也是写给与你们同时代年轻父母的家信。因为我们大家都生活在同一个"地球村"，我们生活在同一个大家庭。祝

　　节日快乐

你们的爸爸乐善耀于 2016 春节

第 ❼ 句话

要有一颗"童心"

  祖辈在孩子面前该扮演一个什么样的角色？很多老人总认为自己是过来人，在人生的道路上曾经辉煌过，曾经年轻过。在孩子面前总喜欢倚老卖老，似乎什么都懂，什么都会，强迫孩子绝对服从他的管教，似乎爷爷奶奶的话句句是真理，一句顶一万句。果真如此吗？其实不然。我自退休以来，第三代的降生，授予我外公角色和责任。近十年来，我与小外孙朝夕相处，最深刻的体会是：孩子给予我很多，从孩子身上学到更多。不仅得到了快乐，更多的是学到了如何改变自己，与他一起成长。因此，从内心深处的感悟是：他3岁，我也3岁。今年孩子9岁了，我不是70岁，而是9岁。因为在他的面前，我们是朋友，尽管年龄上差距很大，但我们可以一起玩，有问题可以一起讨论交流。他讲故事，我来倾听。他在学习上取得了荣誉，我分享他的快乐，充当他的"啦啦队"，为他加油。他碰到了困难，我可以为他参谋，但决不越俎代庖。在家庭生活中，允许他发表不同意见，对他自己的事，让他自己拿主意。如果我对他有什么错怪，也乐意向他赔礼道歉。

祖孙之间的关系不是上级与下级绝对服从的关系，也不是居高临下的关系，而是一种忘年之交的朋友关系，是相互尊重、平等互助、沟通分享的关系。只有这样，两代人之间才能相互学习，共同学习，一起成长。要建立这样的祖孙关系，作为祖辈首先要放下身段，眼睛向下，向孩子学习。祖辈要学习孩子纯真的心灵，学习他用童真的眼睛来观察世界，用纯朴的心灵来感受世界。而我们，虽然早已从童年步入老年，每个人都有自己不同的成长经历，但我们已经从只会说真话，变成学会说假话、说套话、说大话。我们已失去了过去的纯真，变得成熟了，变得圆滑了，也变得虚伪了。其实，孩子是一个鲜活的生命体，我们只有从孩子身上不断吸取营养，滋养自己的心灵，在陪伴孩子成长的过程中，自己也得以成长，愈来愈年轻。孩子的成长不可能一蹴而就，我们老人的成长也没有捷径。所谓"与孩子一起成长"，就是要学会用孩子的眼睛来看孩子，用智慧的眼睛来引导孩子，用童心来感受孩子的喜怒哀乐，用平和的心态来面对孩子成长中的烦恼。

所谓"放低身段"，就是要放弃权威，学会尊重，学会包容，学会宽容，学会等待。要用乐观的心态来看待孩子成长道路中碰到的各种问题、挫折和不足。实际上孩子身上的问题某种程度折射我们教育者自身的不足，要改变孩子首先要改变我们自己。其实，因为问题中隐藏着孩子心理发育的进步和更高发展的需求，正是我们帮助孩子成长的契机，值得我们心怀美好的期待。让我们拥有一颗"等待花儿慢慢地开"的耐心，充分给予孩子在问题和不足中成长的机会,让孩子成为他自己,而不是造就他成为一个完美无缺的人。

如果把孙子比作一本书,一天一页,一月一节,一年一章,这是一本值得我们祖辈去细细品读的一本书,如果我们连这本书也读不懂,有什么资格,有什么能力和水平去教育我们的"第三代"呢?

我总是这样提醒自己:让我与孩子一起成长,他5岁,我也5岁;他10岁,我也10岁;如何做外公,人生第一次,因为过去我只是一片空白。我做过爸爸,但从来没有做过外公,一切都要从零开始,我必须学习,与他一起学习,向他学习,相互学习。

从65岁到5岁,其核心就是要有一颗童心,有了这颗童心,我们才能真正走进孩子的童话世界。我和他一起用积木搭杨浦大桥、搭东方明珠、搭高速公路、搭摩天大楼……我和他一起踢球、跳绳,一起去公园去观赏各种植物、动物……我和他一起在阳台造一个小小植物园,观察黄豆如何发芽,蝌蚪如何长出四条腿,蚂蚁如何搬动一颗饭粒……有了这颗童心,才会有同理心,孩子开心,我也开心,成为孩子玩伴,其乐无穷。

从65岁到5岁,使我这双已经老化迟钝的眼睛,又重新获得灵性。面对多彩的世界,从天上的星空到辽阔的海洋,从大地的一草一木到宇宙上每一条生命……我的眼睛就会发出好奇探究的目光!一切都充满魅力,我会像孩子那样,去与小树交朋友，去与小花交朋友，去与小青蛙交朋友，去与天上的星星交朋友。有了这样一双充满童心的眼睛，在我的视野里，天上的月亮会与你说话，与地上的蚂蚁也能相互交流沟通分享。面对孩子一个个为什么，我会与他一起去探究、去思考、去学习……

有了这颗童心，我会弯下自己的身段与孩子说话，我会听懂孩子的每一句话语，甚至他的哭声所表达他的需求、意志和内心的呼唤。一天，吃饭时，他竟把饭桌上的筷子、汤匙当作积木搭起了黄浦江大桥，我见了不仅不指责批评，反而理解他对玩的兴趣，因为在他的眼睛里，家庭中一切什物，都是玩具，他生活内容的全部就是一个字：玩！所以，吃饭对他来说，同样少不了游戏的成分。

有了这颗童心，我在孩子面前的形象不是人民警察，整天板着脸，孩子见了第一个反应就是"怕"，对孩子管头管脚，这个不行，那个不许。

在孩子面前，我的形象也不是打手，孩子稍有违规，就用打来吓唬，甚至把打屁股，打手心作为让孩子听话的灵丹妙药。

在孩子面前，我的形象不是保姆，什么事都由我来包办，孩子自己能干的事绝对让他自己动手。饭，由他自己来吃，也许还吃得很慢，把衣服也会吃脏；书包，由他自己来背。路，由他自己来走，也许他走得很慢，有时还会不由自主地蹲下身来看地上爬的蚂蚁。

在孩子面前，我的角色是玩伴。我给自己立下了一条规矩：每天与孩子玩的时间不少于两个小时，在家里，我可以让孩子骑在我的背上，从客厅爬到书房……在户外，我组织邻居的小朋友与孩子一起玩；在节假日，我会打电话，邀请幼儿园同班的小朋友到我们家来玩。

现在社会上流行一句口号：不要让孩子输在起跑线上。其实，每个孩子的起跑线都不一样。每个孩子的智力水平不一样，潜力不一样，兴趣爱好不一样，身体素质健康水平不一样，长相外貌不一样，家庭环境更不一样，一句话，一个孩子一个样，每个孩子都要寻找摸索适合自己孩子的教育途径与方法。对孩子的早期教育的重视固然是件好事，但不能违背孩子成长的规律，不能剥夺孩子欢乐的童年。我的观点：玩比读书重要；兴趣比分数重要；情商比智商重要；孩子的快乐比什么都重要。早教的任务是培养好习惯，激发兴趣，切忌急功近利。

犊犊所在的幼儿园在每日放学后都排了兴趣班，例如：识字、阅读、绘画、围棋、钢琴、英语、剪纸、舞蹈……有的家长不顾孩子的需求，认为学得愈多愈好，于是从星期一到星期日，把孩子玩的时间全部侵占。我对我女儿说，报名之前，先听听孩子的意见。根据孩子的需求，我们给孩子报了两门，一门是钢琴，一门是轮滑。由于孩子对滑轮和钢琴很有兴趣，所以学得很专注，在班上，他学得认真，进步很快，受到老师的表扬。除此以外，让孩子保证每天放学后有两个小时参与户外活动。

家长如何把握孩子成才的方向盘？并非社会流行什么就强迫孩子去学什么，更不是学得愈多愈好，把孩子玩的时间全部挤光。其实，最好的教育是激发孩子的兴趣，孩子有了兴趣，就会专注，就有动力，最大限度开发自身潜力去获得成功。我家的外孙犊犊在3岁时，他对坐地铁有兴趣，我们满足他的要求，双休日陪他坐地铁，意外的收获是他可把4号、2号、1号地铁的车站背得滚瓜烂熟，只要一支铅笔，一张白纸，就可以画出14条地铁线路图。4岁时，犊犊看了一本《太空探险游戏》，从此，他对宇宙星球产生了兴趣，如今，他特别喜欢看太空科幻的电视片，能画出地球、水星、金星、火星、木星和土星运行的轨道图。如今，他已五岁了，他的兴趣圈在不断扩大，知识面在不断拓展，生活的内容也愈加丰富多彩。

今天的孩子是幸福的，这种幸福并非单纯体现在物质生活的优越，更重要让每个孩子充分体验童年时代美好的时光。在这个前提下，作为孩子的家长必须为孩子把握好成才的方向盘：养成好习惯，为将来走进学校踏上社会打下扎实的基础。好习惯的培养应从生活的每一细节做起，持之以恒，不折不扣。譬如犊犊每天放学回家，我们通过回家"三件事"来培养他洗手的习惯，整理书包，物归原处的习惯和对玩具进行分类整理的习惯。

为了培养孩子的合群性和小朋友的交往能能力，我们积极为孩子提供伙伴交流的平台，不管孩子走到哪里，让孩子掌握融入伙伴交往的技巧。一次，我们全家去松江中央公园玩，见很多小朋友都在河边的沙滩玩沙，犊犊虽然没有带挖沙工具，但在我们引导下，学会自我介绍，向大朋友表达自己愿望和请求，结果很快被小朋友接纳，加入到新的群体，而成为大家的新朋友。

第❽句话
祖辈教育也是有保质期的

上星期，阿宝的爷爷从山东来上海探亲，欣喜地告诉我，他离开他的孙子阿宝已有整整一年，这次重回儿子家，发现他的孙子发生了很大的变化！过去阿宝在他的眼里，做功课、写作业，真是大象屁股推不动，整天要爷爷在后面"敲木鱼"，推一推，才动一动。如今，简直是判若两人！每天放学回家，独立完成作业，根本不需要父母叮嘱。双休日，还会帮爸、妈做家务。孙子还有一招：给全家炒蛋炒饭，味道真不错！

原来，事情是这样的：十年之前，阿宝呱呱落地，阿宝爷爷和奶奶从山东来到上海，走进儿子家，走进阿宝的生活，挑起了照料孙子生活的重任。为了给儿子、儿媳减轻负担，他两老把阿宝的吃喝拉撒全都担当下来。在爷爷、奶奶的精心照料下，阿宝一天天长大。四年后，阿宝进了幼儿园；六年后，阿宝进小学读书了。

阿宝的个子虽然已长到一米二，但在他爷爷、奶奶的眼睛里，永远是个长不大的孩子。爷爷、奶奶非常乐意充当孩子的拐杖和保姆：上学，爷爷帮他背书包；写字，奶奶帮他削铅笔；吃饭，爷爷给他夹菜，唯恐他营养不良；刷牙，奶奶帮他挤好牙膏……

在爷爷、奶奶的多重保护下，阿宝越来越依赖，越来越任性。阿宝的爸妈开始意识到，要让孩子早日走向独立，要让孩子快快长大，必须让孩子第二次"断乳"，把孩子成长的"权利"还给孩子，给孩子创造一个走向独立的家庭环境。去年国庆节，阿宝的爷爷、奶奶完成了养育孙辈的"历史使命"，走出了阿宝的生活，回到了自己的老家山东。而孙子一年来的变化，使爷爷、奶奶感慨万千。

其实，在孩子的"成长周期"中，对来自长辈保护的需求，根据其年龄特点，其"需求量"是在不断变化的。如果我们把0岁到4岁这个年龄段称之为"完全保护期"，那么4岁到7岁这个年龄段，应该进入"局部保护期"。在"局部保护期"内，作为祖辈，必须把握好一个保护的"度"，有的保护是必须的，对孩子的成长是有益的；有的保护是多余的，有些保护甚至是有害的。例如，阿宝已进小学了，阿宝的爷爷总是以孙子胆小为由，每次孙子在进卫生间之前，自己亲自帮他开好电灯，大便完了，竟然还帮他擦屁股。

实践证明：长辈的保护与孩子的成长，独立性的培养是成反比的。凡是保护过度，孩子永远长不大，其独立性愈差。随着孩子一天天长大，在孩子的成长周期中，每个孩子都能很快地从"局部保护期"进入"无需保护期"，而走向真正的独立。看今日的个别大学生，虽已年龄十八，但生活处处依赖父母，甚至与同寝室同学发生矛盾摩擦，还要借助父母亲自出马去调解。这完全是家庭"过度保护"造成的结果！

在孩子成长的过程中，从"完全保护"走向"局部保护"，最终走上"无需保护"完全独立的人生道路，首先是离不开父母的亲子教育。但祖辈教育对孩子的成长仅仅是一种补充，而不是取代。祖辈教育的功能在哪里？保护功能可能占据了主要的成分：每天，在幼儿园、小学门口，我们祖辈在接送孩子放学、上学；在家庭的衣食住行，吃喝拉撒，是我们祖辈在为孩子提供全方位服务。由此可见，根据孩子的成长规律，在孩子的完全保护期内，正是发挥祖辈教育功能的最佳期，随着孩子长大进入"局部保护期"，祖辈教育的功能随之淡化。相反，如果祖辈依然"定格"在孩子的"完全保护期"，祖辈的"完全保护"成了孩子走向独立的最大障碍。

"保护"对孩子来说，是一种成长的需求。"保护"如同儿童食品，也有它的"保质期"和"有效期"。如果孩子已进入"无需保护期"，我们祖辈依然把他们当作幼儿来"保护"，那么这种"保护"，便是过了"保质期"的食品，无益孩子的身心健康，有碍孩子长大成人。

如果我们把祖辈教育的功能仅仅局限在"保护孙辈"这个层面，仅仅满足于孩子的生活照料的话，那么，祖辈教育也应该是有"保质期"的。像阿宝爷爷、奶奶及时淡出孩子的生活，确实是明智之举，既有利于孩子走向独立，也有利于老人拥有自己的独立空间，拥有自我，寻找更为精彩的晚年生活。

如果我们希望能把握祖辈教育的"保质期",提升祖辈教育的"有效期",使祖辈教育有利于孙辈独立与成长,有利于亲子关系的和谐与沟通,也有利于祖辈晚年生活幸福指数的提升,那么,对祖辈来说确实面临一个新的课题:作为祖辈如何与时俱进?如何得体地退出?

第 ❾ 句话

把成长的权利还给孩子

在一项调查中显示,祖辈能真正成为孩子玩伴的仅占45%,老人允许孩子玩,指导孩子玩,与孩子一起玩,在玩中学习,他们感到能成为孩子玩伴很开心。3%的祖辈认为孩子玩会影响学习。52%家庭能兼顾孩子的室内和户外活动,让孩子多多接触大自然;21%家庭满足于孩子在室内活动,不重视孩子的户外活动和体育技能训练;27%家庭把电视当保姆,看电视成为孩子玩的主要内容。

祖辈普遍重视对第三代的智力投资,提高孙辈教育的文化含量:76%的会给孩子哼儿歌;89%会讲故事;90%会耐心解答孩子提出的各种"为什么";51%会经常给孩子朗读童话故事和世界名著,但能与孩子共同参与各种球类活动的仅占8%,如羽毛球、乒乓球和小足球等;能与孩子共同参与家务劳动的为0。

孩子是一个独立的生命体。孩子成长的过程首先是一个身心的成长过程,而不仅仅是一个智力的成长过程,智力的成长是依附在心理成长的基础之上的。如果我们了解儿童成长的科学规律,让儿童按精神胚胎的内在规律自然发展,他一定会成为人才。儿童的成长,不管是身心上还是思维上,都是一个不断趋向于独立的过程。在孩子成长的过程中,从不会吃饭到学会自己吃饭;从不会穿衣到学会自己穿衣;从不会走路到学会自己走路;从依恋走向独立,是孩子心智发展的需要。没有独立也就没有了孩子的生存能力、学习能力和自我发展能力。

祖辈与孙辈的关系,是一种"隔代亲"的情感依恋。如果祖辈对孙辈过度宠爱,必然造成孙辈对祖辈过分"依恋",许多老人有一个错觉:认为我越爱孩子,孩子就越依恋他,依恋成了"第三代"对祖辈情感上最好的回报。事实恰恰相反,祖辈对孩子过分呵护,剥夺了孩子的生存能力、学习能力、自卫能力、独立能力。一句话,把孩子成长的权利给剥夺了,甚至把孩子思想上独立和自由给剥夺了,这种剥夺使孩子在精神上严重"缺钙",失去独立的自由,没有成长的权利,孩子的生活如同没有阳光和天空,快乐和幸福感会严重缺失。

祖辈需要继续成长,祖辈应与孙辈共同成长,祖辈没有理由更没有权利剥夺孙辈成长的权利。

第❿句话
要爱,更要严格要求

祖辈与孙辈之间有一种"隔代亲"的血缘与情愫。

何谓"隔代亲"?

很多老人说:当年,自己当父母的年代,由于忙于工作,忙于事业,没有时间爱自己的儿女,留下了很多遗憾。在那个年代,就是想爱,由于物质的匮乏,经济条件限制,也无能为力。如今,社会发展了,生活改善了,家庭富裕了,我们有条件给"第三代"以加倍的爱,以弥补父辈对自己儿女的欠愧。

有的祖辈为了孙辈过生日,大把大把地花钱,在五星级酒店大摆宴席,为的是给孙辈留下一个终身难忘的印象。有的祖辈对孙辈在物质上的要求。从不说声"不",只要孩子开心,天上的月亮也要想方设法。有的祖辈宁可自己千辛万苦,为已经戴上红领巾的孙辈包揽一切,帮孩子背书包,系鞋带,洗澡,穿衣服,甚至大便完了,帮孩子擦屁股。有的祖辈宁可自己省吃俭用,满足孙辈无限的高消费……

祖辈对孙辈的爱与付出,是老人天伦之乐的一个组成部分，也是孙辈健康成长不可缺少的精神需求。但祖辈对孙辈爱的表达，少了一种重要的元素，那就是"严格要求"。说得通俗一点，每个老人，在孙辈面前，必须有两颗心：一颗是爱心，一颗是狠心。所谓狠心，就是对孩子提出的不合理要求，敢于说"不"！对孩子良好习惯的培养要持之以恒，锲而不舍。由此可见，祖辈对孙辈缺少狠心的爱，是溺爱，是宠爱，是无原则的爱。

在小学的每个班级里，我们总可找到几个小学生，他们在生活上丢三拉四，学习上马马虎虎，其根子，与祖辈对他们从小到大加倍的爱与没有严格的要求是分不开的。如果我们用爱作为纵坐标，把严格要求作为横坐标，画一个直角坐标系（下图），我们可以找到在生活周围，祖辈的隔代亲大致可以分为四类：爱加严格要求；只有爱没有严格要求；只有严格要求，缺少爱；爱与严格要求都不足。

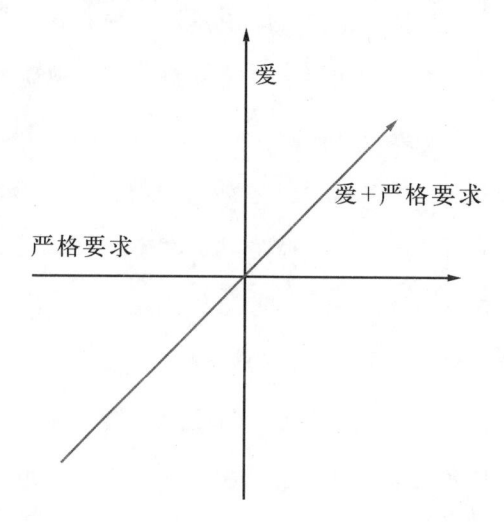

为了第三代健康成长，祖辈对第三代的爱有必要注入严格要求的成分，让祖辈的爱更加理性，让祖辈的爱成为孩子走向独立的铺路石。祖辈"隔代亲"必须坚持以下原则，以保证对第三代的爱适量、适度。当今，独生子女在各个家庭仍属于多数，许多孩子在成长过程中，具有家庭的万千宠爱集为一身的特点。很多孩子把接受来自父母之爱、祖辈之爱视为天经地义，却不知爱的反馈与互动，不知道如何去爱别人。由此可见，万千宠爱集一身的爱是畸形的溺爱。只有教孩子学会把大家对自己的爱转化为自己对大家的爱，这才是成功的教育。

"隔代亲"除了祖辈对孙辈的爱心之外，必须注入严格要求的"狠心"。有利于孩子健康成长的"隔代亲"，应该坚持以下原则：

（1）凡是孩子自己能够自力完成的，祖辈不必去包办替代。在幼儿阶段，让孩子独立吃饭，自己穿衣，自己走路，自己背书包；进了小学，让孩子自己整理书包，独立完成家庭作业，承担一定的家务劳动。

（2）对良好的行为规范、生活、学习习惯必须严格要求，持之以恒，决不动摇。只有持之以恒，才能习惯成自然。祖辈要有韧劲和恒心。例：讲话文明，不讲脏话，勤俭节约，随手关灯，坚持环保，不乱抛纸屑……

（3）对孩子不合理的要求决不迁就，敢于说"不"。在物质消费上不大手大脚，对不珍惜粮食等行为，敢于批评。祖辈以自己的一言一行，为孙辈做出榜样。对孙辈说到做到，言行一致。对孙辈严格要求，对自己身体力行，成为家庭教育的正能量。

第⑪句话

祖辈也要当好"第一任教师"

我的外孙犊犊,如今已经是小学四年级学生了。

一天,我去学校门口接他放学回家。下午四点半,只见他跟随着班级队伍,背着沉重的书包,走出学校大门。我走上前去,我试探问:要不要把书包让外公来背?只见他对我摇摇手:"不用。谢谢!我能行!"他主动拉上我的手:"外公,今天我们不坐车,走回家好不好?"我说:"从学校到家有三站路,走半个小时,你能行吗?""行!我已长大了!"他回答干脆响亮。我为孩子长大而感到欣慰。我想:这不是孩子第二次断乳吗?断乳,意味着孩子一步一步正在走向独立,从自然人走向社会人。独立,对孩子来说,是一个飞跃,一个摆脱父母束缚的解放。然而对家长而言,可能是一个痛苦的从思维定势到与孩子一起成长的过程。我满足了他的要求,我们一起步行回家。一路上,犊犊不断向我介绍他们班级新闻:从下星期一全班在升旗仪式上的集体朗诵演出,到学校"明日之星"的评选,以至今日游泳课上有小朋友竟忘带游泳衣……半个小时的负重步行对孩子来说,也许也是一次体能测试,他走得全身大汗淋漓，但仍精神抖擞。

走进小区，只见一个三岁左右的男孩，正躺在路中央打滚，旁边一位爷爷模样的老人正无可奈何地批评他。犊犊见他若有感触地说："我小时候，也像那个男孩一样，喜欢在地上打滚。现在我已长大了！"犊犊从这个小朋友的身上看到了自己小时候的影子，看看现在，比比过去，这是一个多么了不起的变化！

进了家门，犊犊放下书包，悄悄地走到我跟前，郑重其事向我提了两个要求：从今晚开始，吃饭的时候，你们再也不要往我的饭碗里夹菜了！因为我已长大了，我喜欢什么菜，自己动手。第二、回家做作业，弹钢琴，不要你们再提醒催促，我会自己安排时间，因为我已长大了。对于孩子要求独立的心愿，我们有什么理由去阻挡呢？以往每到吃饭，我们总担心孩子会营养不良，吃得太少，拼命往孩子碗里夹菜，从蔬菜到鸡鸭鱼肉……每天放学，我们总是不放心，唯恐孩子自己不能把握时间，不能完成老师布置的作业……如今，孩子向我们发出断乳的心声，要求我们放开双手，给他独立，让他获得心灵成长的权利。

记得七年之前，是犊犊生命中的第一次断乳，他已开始牙牙学语，一见到我，便会发出两个音节："外公"，发音虽然有点含糊不清，在我耳朵听到的不是"外公"，而是"外冬"。尽管如此，但他的声音还是那么甜蜜，那么充满童贞。好比大热天，吃了一口冰淇淋，甜在嘴里，溶化在心里，渗透到全身每一细胞。外公，这个称呼，对我来说，是非常神圣的，又是非常幸福的。好比当年在退休前，组织部门领导当着全院职工宣布一项重大的任命决定。从此以后，我全身心投入了"外公"这一角色。

当外公，对老年人来说，是一种天伦之乐，为了感恩上天赋予的幸福，常常会对"第三代"付出双倍的爱。所以，外公常常会成为外孙保姆的代名词，为了孩子吃喝拉撒，老人不辞辛劳，甘当孺子牛。但对我来说，心里很明白：外公这一角色的内涵是多重的，多元的。除了保姆之外，更多的也许应该是玩伴和教师。特别是孩子断乳以后，我几乎天天和犊犊在一起搭积木、玩乐高、拍皮球、踢足球……因为我是他的玩伴。我给他爱心，他还我童心。

如果说，犊犊的父母是孩子的第一任教师，那么作为外公、外婆最起码应该是他的第二任教师。当然，我并不会专门为孩子开课，教他加减乘除，教他识字拼音。但我天天与他生活在一起，天天为他打开这本生活教科书，教他怎样独立吃饭，教他按时入睡，教他与小伙伴一起玩耍，教他爱护树木花草，教他学会与人相处……不管教什么，最终目的：让孩子学会走向独立。

今天的祖辈，一旦进入角色，很多成了孩子的保姆，不仅是生活的保姆，甚至是学习的保姆。单一的保姆角色，必然会培养出一个长不大的孩子。今天的祖辈，多的单一保姆角色，缺少的正是多重的角色意识。多重的角色意识的基调首先是教师。这个教师并非单一的文化知识教师，更重要的是生活教科书的教师，社会大课堂的教师。老人有着丰富的阅历和社会生活经验，老人的举手投足，生活习惯无不是孩子学习仿效的对象。因此，老人的文明素养，社会规范是孩子家庭学习环境的重要元素。因此，在每个孩子的身上都可以找到祖辈的影子和家庭文化的投射点。有教师角色意识的祖辈就会严于律己，为孩子做出榜样，相反孩子不良的习惯可以在祖辈身上找到源头。

祖辈的多重角色除了教师、玩伴、保姆之外，祖辈还应该是个园丁。我们培育的"第三代"，好比是一棵小树苗，一株花。如果是园丁，祖辈应该明白这样的道理：一个孩子一个样，每个孩子不一样。好比苗圃中的每一棵树，有的开花在春天，有的开花在夏天，有的开花在秋天，有的开花在冬天。祖辈要学会等待，不要相互攀比，更不要整天关注自己孩子什么时候可结出果实？其实，孩子的教育首先是根的教育，只有根扎正了，根扎牢了，狂风暴雨吹不倒，开花结果是早晚的事。

祖辈也应该是个勘察队员。每个孩子都是一座矿，有的是金矿，有的是银矿，有的是铜矿，有的是煤矿……因为孩子来自不同父母的遗传基因，孩子的天赋、兴趣、个性各不相同，有勘察队员意识的祖辈就能发现孩子身上的每一闪光点，发现孩子身上的潜能和长处，进而为孩子的发展创造广阔的发展空间。

孩子是人生道路上马拉松比赛的运动员，在孩子的成长过程中，有很多起跑线。我们祖辈则是这场比赛的啦啦队员，我们有责任为孩子成长进步加油鼓劲。在每一场马拉松比赛中，每个孩子总会有先有后，有的甚至难免会摔跤，不过来自啦啦队的鼓励、欣赏和欢呼，无不是孩子继续努力往前的动力。

当祖辈很幸福，但当好祖辈可不容易。祖辈不是保姆的代名词，祖辈更多的是应该当好玩伴、教师、园丁、勘察队员和啦啦队员。你说是吗？

第⓬句话

祖辈也应向孙辈学习

记得在退休前,在上海教育科学研究院工作期间,我曾对"学习型家庭"进行了为期五年的研究,建立"学习型家庭"的全国课题,围绕学习型家庭"为什么学"、"学什么"、"怎样学"、"在哪里学"等问题进行了深入的研讨,《学习型家庭》专著在文汇出版社正式出版,在海峡两岸进行了多次专题学术研讨,并在全国的学校和社区产生了一定的影响。我始终认为:学习是家庭幸福的源泉,在家庭生活中,我们对物质的需求是有限的,但对精神的追求是无限的。学习可以让生活更美好,学习让每个人更快乐更有智慧。

五年后,我退休回归家庭,这并不意味着对学习型家庭课题研究的结束,而是对学习型家庭从面上的研究到点上探索的继续,是从理论层面探讨到实践操作的深入。退休回归,意味着我的人生又进入一个终身学习的新阶段。放在我面前首要的学习任务:如何当好一位合格的好外公?面对"第三代",我该如何教?教什么?这一系列问题为我在家门口创建学习型家庭提供了丰富的内涵,又为我的个案研究提供了新的平台。

犊犊诞生那天，正是我家庭学习的第一课。在产科医院，医生指导我应该怎样抱孩子。说实话，当年做爸爸时，怎样抱孩子，我也许还是一个很不合格的学生。今天，犊犊的降临，为我带来了无限的快乐和幸福，也为我提供了家庭学习的课堂。孩子每一天的生活，每一天的变化，便是向我打开的每一页教科书，每一周是一节，每个月是一章，每一年是一本。孩子一天天长大，我也一点点成长。我的成长，不是走向衰老，而是回归童年，更加年轻，我和孩子一起奔跑玩耍，我和孩子一起搭积木，一起哼儿歌。孩子的诞生为我提供了一个怎样做祖辈的机会和平台。与其说我是在教孩子学什么，还不如说，孩子教我该如何做祖辈？和孩子在一起，让我笑口常开，让我青春常驻，充满活力。这可以说是一个共同学习、相互学习、一起成长的过程。

我与犊犊在一起，我既是他的教育者，又是他的学习者，这两个角色经常相互替换，其界线也非常模糊。我和他，两人既是学习者，又是教育者，既是双向互动，又是相互交替。他的每一声啼哭，都在告诉我，他的每一个需求；他的每一次欢笑，都是祖孙互动分享的结果。从他的牙牙学语到第一次叫我"外公"，从蹒跚学步到背上小书包第一次走进幼儿园，我总是喜欢以自己老人的经验在教育他，甚至会倚老卖老，但是孩子第一反应告诉我：哪些教育是他乐意接受，哪些教育他是拒绝的，甚至逆反的。看来，我真正要了解他，理解他，首先要读懂他这一本书，认认真真地学习，不能自以为是，不能居高临下，更不能以教育者自居。

　　有时候，犊犊会对着我又哭又闹："外公，我一个人玩没劲！"有时候，再新鲜的玩具对他也没有丝毫的吸引力。他要求我坐在他旁边，给他讲《龟兔赛跑》的故事，念《一只青蛙四条腿》的儿歌。其实，孩子的恳求在告诉我：陪伴对孩子来说是多么重要！没有陪伴等于没有教育。玩是孩子的权利，玩是孩子最好的学习课堂。然而玩具不能替代陪伴，我应该是孩子的玩伴。我们一起坐在地板上，用积木搭一座杨浦大桥，我们在小区大道一起踢球，一起奔跑。在玩的过程中，让时光倒流，让我又回到快乐的童年，让我收获青春和活力。然而有的家庭，电视机成了孩子的保姆，用电子游戏机来替代自己的陪伴。其实，孩子用自己的喜怒哀乐在教育我们长辈，教我们如何当好一个爷爷、奶奶，当一个他们喜欢的爷爷、奶奶。然而，有的长辈，没有自觉的学习意识，没有一点改变自己的要求，孩子对他的教育，成了"对牛弹琴"。

　　犊犊到了三岁半了，该可以进幼儿园小小班了。其他同龄的小朋友个个口齿伶俐，能说会道，唯独我家的宝宝会把叫我"外公"，说成"外冬"外，其他的话，竟一句也不会说。全家人都很着急！孩子的智力没有缺陷，发音器官没有毛病。为什么孩子不能开口说话？为什么他的语言表达能力明显落后于其他小朋友？其实，孩子以自己无声语言在告诉我们：一个孩子一个样，各个孩子不一样，这就是差异。同样是男孩或者女孩，每个孩子身心发展的速度有差异，智力水平有差异，性格特征也会有差异，这是不可抗拒的规律！善于学习的长辈，才能捂出其中的道理：学会等待，不能操之过急，更不能拔苗助长！只有向孩子学习，才能提升做祖辈的教育智慧。

犊犊所在的幼儿园有一个围棋兴趣班，犊犊的很多小朋友都参加了，唯独犊犊没有报名。有一天，我们去幼儿园接他放学，他突然对我们说："我要下围棋！"我们满足了他的要求，参加了围棋兴趣班。从此以后，他对围棋的兴趣越来越浓，下围棋的水平也愈来愈高，从十级到一级，又从一级到业余一段……从此以后，我们更多留个心眼，细细地观察，多多地发现，发现他的兴趣在哪里，他的潜质在何处，他喜欢地铁，喜欢地图，我们每周都带他去坐地铁，他成了幼儿园小有名气的"地铁通"。我们帮助他收集各种地图，他对历史地理竟情有独钟。他喜欢数学，平时，他喜欢用数字来表达他的想法，有时会编一道数学题来考考我们。我们发现他对数学，特别是奥数有特殊的兴趣，我们让他报名去参加奥数竞赛，从三年级开始，他每次都会拿回一些奖项。我们并不在乎奖项的规格，更在乎他对数学的兴趣和热爱。其实，犊犊成长的过程在教育我：每个孩子都是一座矿藏，是金矿、银矿还是铁矿、煤矿，有待我们去发现。每个孩子有他独特的兴趣爱好和天赋。家长的责任是发现他，欣赏他，发展他，培养他。让兴趣成为他的专长，让专长成为他将来事业的一部分。每个孩子都是一个优点缺点的混合体，没有一个是十全十美的。祖辈的责任是善于发现孩子身上的闪光点，哪怕是极其微弱的，发现孩子细小的变化和进步，及时肯定他，欣赏他，鼓励他，让孩子更自信，向着更高的目标大踏步向前走。

外公我虽然学过一点教育学、心理学，但是我要感谢你，我的好外孙！犊犊，是你教我懂得了怎样才能做一个好外公。

是你，教我懂得了陪伴是多么重要，没有陪伴就等于没有教育，没有陪伴的家长就是责任心缺失的家长。

是你，教我们作为一个称职的长辈，要学会等待，等待是一种心态，是一种境界。不懂得等待，就无法读懂孩子的心。

是你，教我们学会了发现，只有学会发现孩子兴趣的萌芽，才会有孩子将来发展的空间。为了孩子的未来，家长既要用好"细微镜"，更要用好"望远镜"。

犊犊，谢谢你，是你教我学会了我怎样做外公，我永远感谢你！

第⓭句话

老人也是一所学校

老人在自己的人生道路上都有着丰富的阅历,对生活有着深刻的体验,对生命的理解和感悟也更为通达与本真。在他们的记忆里,有着家庭兴衰变迁的历史和父辈成长生动有趣的故事。他们的人生积累,对第三代来说是父辈难以替代的教育资源。学校放假了,让孩子去爷爷、奶奶、外公、外婆家生活一段时间,在这样一所学校里,去翻开生活的教科书,去接受中华民族传统文化的洗礼,去吸收一种比"考试分数"更为重要的成长营养,让孩子进行一项"尊老敬老"的社会实践。

老人,对孩子来说是一本生活的教科书。很多孩子除了会做习题,会应付各种考试测验外,家庭里什么家务活都不会,不会扫地、不会洗碗、不会洗衣服、不会拖地板……老人的一生久经磨炼,有的老人虽然学历不高,但有着丰富的生活经验,让老人手把手教孩子学会做事,学会生活自理,学习做一个有家庭责任心的人。

老人,是家庭一本尘封的"历史档案"。在这本"档案"

里，孩子可以读到：家谱宗族的姓氏来源、家风家规的精神信念、家庭成员的生息繁衍和先辈创业奋斗的故事。老人，首先是家庭发展历史的见证。在这里，中华民族的传统文化和精神得以传承和发扬，有了这样的文化根基，孩子的现代高楼大厦才能拔地而起而岿然不动；有了这样的文化根基，幸福的家庭才能代代相传。

老人，是孩子参与社会实践的导师。不管老人退休前从事什么职业的，在他们的职业生涯中，大多都积累磨砺了自己独特的"一技之长"。有的会木工园艺，有的会厨房烹饪，有的善编织，有的精雕刻……如果老人把自己"看家本领"手把手传授给自己的第三代，既有利于培养孩子的动手能力和社会适应，也能提高孩子未来人生的幸福指数。老人是带孩子走进大自然的玩伴。如果老人居住在农村，让城市孩子来农村生活一段时间，老人与孩子为伴，与大自然亲密接触，看看水稻如何杨花吐穗，听听公鸡如何打鸣，闻闻各种花的芳香，区别韭菜和小麦差异究竟在哪里，老人与孩子一起下下棋，打打羽毛球，一起读书看报，共同分享学习的快乐。与孩子在一起，老人的童心才不会泯灭，老人的天真才得以重新回归。

对每个老人来说，年岁的增长是不可抗拒的。但心灵的成长是老人健康生活不可缺少的。如果老人能和自己的第三代生活一段时间，不仅可为自己的儿女分担后顾之忧，对自己的晚年生活不能不说是一种快乐。老人是孩子的一所学校。让孩子走进这所学校，不管是老人还是孩子都会有意外的收获。

第⑭句话
对话比听话更重要

很多老人对孙辈的教育和要求，不外乎围绕两个字：听话。因此，常常把听话的孩子和好孩子之间画上等号。

怎样才能让孩子听话？很多祖辈为此而苦恼。其实，孩子听不听话，关键是作为祖辈怎样与他说话？说什么话？有的老人在孙辈面前，总习惯于倚老卖老，居高临下，以命令式的口吻与孩子说话，如果用这种说话方式与孩子沟通，孩子的体验是什么呢？得不到应有的尊重，孩子的自尊心受到极大的伤害！老人得到的反馈往往是逆反和对抗。如果我们能弯下自己的身段，我们的目光能在同一水平线上与孩子进行交流，这样既能体现祖孙之间相互平等和相互尊重，又是一种跨越代沟的相互交流、共同讨论、双向对话的相互学习。由此可见，新型的祖孙关系，不是我说你听，让孩子只能听不能说主从关系，而是平等的忘年交。

在传统的家庭里，大人说话，小人不能插嘴；在现代的家庭，大人要充分尊重并保护小孩的话语权，让孩子与大人可以平等对话。听话与对话，虽只是一字之差，却体现了家庭教育中两种不同的人才观和教育观。如果把听话作为好孩子的唯一标准，带来的结果是：孩子长大以后，唯唯诺诺，听从别人摆布，丧失自我，缺乏自我决断的能力。只会听话，而不会对话，不能独立思考的孩子，不是我们培养的目标。

与孩子对话，首先应让孩子敢于说话，敢于把自己的思想表达出来。作为祖辈，要允许孩子发表不同意见，如果孩子说得有道理，我们不仅要乐意接受，而且要对孩子的表现给予充分的肯定与鼓励。如果孩子讲错了，作祖辈的也应有一定的宽容度。为了培养孩子敢于担当的责任心，孩子自己的事，让孩子自己拿主意作决定，祖辈不要越俎代庖。

其实，说话也是一门艺术。祖辈只要有一个阳光的心态，与孙辈的对话一定会充满童趣和幽默。乐观与幽默是亲密的朋友，幽默是一种特殊的情绪表现。教孩子寻找生活中的趣味，发现生活中点滴美好，鼓励孩子宽以待人。幽默可以淡化人的消极情绪，消除沮丧和痛苦。具有幽默感的人，生活充满情趣，能轻松应对许多看来令人痛苦烦恼之事，善于从中寻找快乐。用幽默来处理烦恼与矛盾，会使人感到相处愉快，少一些气急败坏和偏执极端，少一些你死我活的争端。

祖辈与孙辈需要对话，祖辈与自己，孙辈与自己，何尝不是天天在对话？每天在生活中无论是碰到困难挫折，还是收获成功与快乐，更需要自己给自己的安慰和激励，学会调控自己的情绪。对己，能乐观面对一切困难与失败；对人，学会原谅、宽容和包容。如果祖辈不能很好地自我控制情绪，在孩子面前随意发泄，甚至把孩子当作自己的出气筒，祖孙之间的沟通与对话便失去最起码的氛围与条件。

人与人之间的沟通与对话，需要真诚目光的交流，需要每个人脸上展现的美好的笑容。微笑不仅体现了美好的情感，也代表了一种良好的心态。微笑是一种内涵最丰富的语言，比世界上任何一种语言都有力量。学会微笑，能帮助孩子亲近他人，与人交流会变得非常自然和容易，这是建立良好的人际关系的基础，也是学会发现快乐的秘诀。鼓励孩子经常对自己微笑，这也是调节情绪的好方法。

沟通与对话离不开礼貌用语，这会比单纯的微笑更有感染力。虽然"谢谢"两字很简单，却包含着对他人的尊重和感激之情。一个学会"谢谢"孩子，会懂得感恩，在人际交往中会受人尊重，因为他先给予对方尊重。祖辈首先要从自身做起，给孩子一个健康的文化基因，家庭成员之间常言感谢的，孩子自然会模仿学习，从而养成良好习惯。

孩子的成长，固然离不开知识的雨露，但健全人格锻造，离不开家庭这块土地。孩子健全的人格养成，离不开人际交往。沟通与对话是与人交往的前提，也是孩子从一个自然人走向社会人必由之路。让孩子学会对话，有助于孩子的精神胚胎的成熟和发育，只有这样，才能成长为一个身心健全的社会人。

第15句话

祖孙两代要一起成长

今年，犊犊即将从幼儿园大班毕业，背上书包，跨进小学的大门。回顾他六年成长的轨迹，每天虽然离不开吃饭、玩、睡觉三件事，但这不是简单的重复！天天都有新内容，天天有新变化，天天有成长。他爱玩水，爱玩沙，爱玩泥，他爱在夜空里寻找牛郎星、织女星，他爱到草丛里去抓西瓜虫、到泥土里挖蚯蚓，玩是孩子的主旋律。当孩子在吃饭的时候，把筷子当大桥架在两只碗中间，当他把调匙当作乐器敲打的时候，我理解孩子玩的愿望；当孩子用积木来建造"高楼大厦"的时候，我就是他的玩伴；当孩子想玩新的"花样"，不管是滑轮、自行车、还是围棋，我总是举双手赞成，为他的新玩意儿提供条件和可能。

今天，他已长大了，但是玩依然是他生活的主要内容。但是，他玩得更有技巧了，玩得更快乐了，玩得更有知识含量了，玩得更有创造性了。他会打电话请小伙伴一起到家里来玩，在玩的过程中，他会用"剪刀、石头、布"来处理小伙伴之间的矛盾。在玩"输赢"的时候，赢了，他笑得很开心；输了，他不会再哭了。

玩，伴随着孩子的成长；玩，是孩子的基本权利。成长对孩子来说，是一件神圣的，不可抗拒的事。今天孩子爱和他的爸妈一起去乘地铁玩，居然能说出上海每一条地铁从起点到终点的每一个车站，成了幼儿园里的"小小地铁通"。他学会了轮滑、两轮自行车，他对弹钢琴很有兴趣，他下围棋很有招数。他对中国地图、世界地图很有兴趣，指着地图能说出亚洲、欧洲、非洲、美洲很多国家和首都，很多小朋友都叫他"小博士"。

玩，是他最爱读的"教科书"。在玩的过程中，他诱发了对学习的兴趣；在玩的过程中，他体验了成功的快乐；在玩的过程中，他懂得了小伙伴的友谊；在玩的过程中，他一天比一天在长大。

我们居住的小区有三个小朋友：当当、东方、冬冬，都和犊犊在一个幼儿园学习。早上，大家一起去上学；放学，一起在小区里玩耍。真是一个孩子一个样，每个孩子都有自己的个性，每个孩子都有自己的缺点。很多家长都喜欢相互攀比，把自己孩子的缺点与不足跟周围小朋友去比，对其他小朋友的长处与优点又是夸奖又是羡慕。对自己孩子拼命"加温加压"，恨铁不成钢。其实，没有一个孩子十全十美，没有一个孩子没有缺点和不足。我的外孙犊犊在交往能力方面，明显不如当当和东方，但这又有什么了不起呢？根据加德纳"多元智能"的理论，每个孩子都是聪明的，所谓"聪明"，并不是每项智能都很冒尖,有其长必有其短。根据我对犊犊平时的了解观察,他的数学逻辑智能是见长的,他数字概念很强,他有很强的记忆力,他喜欢打破砂锅问到底。但是他的人际交往智能相对比较弱。作为家长要有宽容、包容的胸怀,这种包容,实质上是对孩子的尊重,对生命的尊重,对孩子成长的尊重。对他的缺点与不足,不操之过急,也不拔苗助长,既顺其自然,又鼓励他去自我改变。

每天下午4点,我去幼儿园接犊犊放学回家。回家路上,我和他交谈的内容:"今天开心吗?""得了几颗五角星?""上课举手了吗?"当然,孩子在幼儿园也有表现不佳的时候:睡午觉打打闹闹,吃饭速度很慢,这一切我认为是孩子成长路上不可避免的,很多好习惯的养成不是一蹴而就的。每当犊犊的父母下班回家的时候,他们进门第一句话常常是:"今天犊犊一天表现乖不乖?"我从来不喜欢告状,而喜欢用放大镜找出孩子身上每一个亮点:"今天回家在家里造了一座'大桥',把长江、黄河连接起来了,了不起!""他在上海地图上发现了一个错别字,真厉害!"我在墙上布置了一张"犊犊的五角星榜",把他每天点点滴滴优点和进步挖掘出来,把"五角星"一个一个积累起来,展示出来,强化孩子的自我意识,让孩子意识到:我长大了!让他的个性充分张扬,让孩子的生活和学习充满自信!

很多祖辈总喜欢对孩子包揽一切,孩子的吃喝拉撒,事事亲自动手,唯恐照顾不周。孩子吃饭,总嫌孩子吃饭太慢,撒了一地，还不如亲自喂他。孩子上幼儿园，担心他会摔跤，宁可自己抱着他走。这种过度保护，其本质是剥夺孩子成长的权利！

有的家长，总喜欢用凝固的目光来看待孩子，认为孩子永远长不大，没有想到孩子天天在长大，最终是要长大成人。我们的目标：让孩子早日独立！有的家长面对孩子自己吃饭，自己穿衣，自己洗澡的要求，听而不闻，越俎代庖，一句话：剥夺孩子成长的权利！

有的家长用完美主义来要求孩子，总认为孩子这不行，那也不行，这个不称心，那个不满意。结果该放手不放手，该甩手不甩手。自己心甘情愿成为孩子的保姆。

有了成长意识，孩子能做到的，放手让孩子自己去完成，孩子可以独立的，绝对不包办代替。犇犇读小班时，我们决定让孩子自己用调匙自己吃饭，刚开始，孩子很依赖，但他妈妈很坚决："如果你自己不吃饭，今晚就别吃了！"结果，孩子一顿晚饭没吃就睡觉了，第二天一早醒来，叫着肚子饿，从那天起，他再也不要妈妈喂了。

犇犇4岁升入中班，妈妈要求他大便完了，自己擦屁股。刚开始，我们有点担心：能否擦得干净？经过一段时间的实践证明，孩子的生活自理能力完全可以培养。今年他升入大班，凡是全家外出旅游，都由孩子自己向老师请假，从请假时间到请假原因，让孩子学习与老师沟通。孩子在一天天长大，他一天在走向独立，最终是从物质上"断乳"，走向精神上的"断乳"。

当孩子还在幼儿园里的时候,爸、妈在孩子心目中的形象是可亲的,爷爷奶奶在他心目中的形象是伟大的、了不起的;今天,孩子长大了,进小学了,他看到了外面的世界,他学到了很多知识,他经常会向大人提出很多问题,有时甚至会出一道数学题考考你,掂掂你的分量。如果我们不学习,不与时俱进,爷爷奶奶在孩子心目中的形象变了,变得不伟大了,变得很渺小了。

孩子天天在长大,如果我们用一成不变的目光,而不是用发展的观点去看待他们,我们的教育方法不变化,还是老一套,不是唠唠叨叨,便是棍棒式、命令式,那么,长期下去,大人在孩子心目中的形象变得不可亲了,变得可怕了,变得可憎了,甚至变得可恶了。我们与孩子之的距离会越来越远,孩子会把心灵的窗户紧紧地关起来,沟通的管道被无形的隔膜堵住了。如果我们仍然原地踏步,不与孩子一起成长,不转变观念,不改变自己的教育方式,对孩子的细微变化全然不知,面对孩子的逆反对抗,还在说:"还不是为了你好!"我们的爸妈和爷爷奶奶,难道不觉得可悲吗?

父母要和孩子一起成长,祖辈同样要与孙辈一起成长。所谓"成长",就是不断学习,不断自我改变,我们不能以长辈自居,倚老卖老,孩子天天在变,变得懂事明理,从童年跨入少年。在我的耳边,经常会响起孩子的声音:"外公,你会弹钢琴吗?你会滑轮吗?你会英语吗?"这是来自孩子的挑战,这是时代的呼唤！难道我们心甘情愿掉队落伍吗？我们有什么理由不终身学习呢？我们有什么理由不向孩子学习呢？我们有什么理由不与孩子一起成长呢？

　　面对今天的家庭，面对今天的中、小学生，值得我们反思的是：为什么今天的父母对孩子关爱越来越多，孩子的幸福感却越来越少？为什么孩子在课外学的东西越来越多，但对学习的兴趣，求知欲望却越来越少？为什么父母对孩子期望值越来越高，孩子却越来越长不大？为什么父母对孩子的学习越来越焦虑，孩子对父母却越来越逆反对立？如果我们不学习，不成长，不提升教育智慧，不转变教育观念，这种家庭教育的"怪圈"会否在我们家中重蹈覆辙？如果我们今天急功近利，信奉"不要让孩子输在起跑线上"的教条，孩子的明天令人担忧：会不会垮在起跑线上？

给孩子必须补上的 12 堂课

孩子心声：

☆ 外婆，尽管你给我吃最有营养的，给我穿的是名牌的，只要我好好读书，家里什么事情都不要我干，但是，我一点也快乐不起来。

☆ 外公，我喜欢体育，我喜欢踢足球，每次学校运动会我都会拿到长跑短跑第一名的奖状，但是你总是说："这种奖状有什么用？又不是语文、数学考试第一名！"你的话，让我抬不起头来。

第❶课
快乐是可以创造的

犊犊的同班同学强强过十岁生日，为了让大家分享他的生日快乐，给每个小朋友赠送了一包"太阳花"的种子。犊犊欣喜地把种子带回家，第二天便把它播在花盆里。一个星期后，"太阳花"的种子发芽了，他天天给它浇水。一个月后，开花了。犊犊每天早晨醒来第一件事便是走到阳台上去看望他的太阳花，红的、黄的、紫的、白的、各种颜色都有……看到"太阳花"，他特别快乐，因为这每一朵花瓣，每一片绿叶，都是他辛勤浇灌的结果。后来，我们全家都把"太阳花"叫作"快乐花"。

语文课上，犊犊用"快乐"这个词，造了这样一个句子：强强送我太阳花的种子，我给种子浇水，太阳花送给我"快乐"。我对犊犊说："其实，快乐也是一颗种子，我们每个人的心都是一块田，只要在自己的心里播下这颗种子，快乐一定会开花，这朵花开在每个人的脸上，那就是微笑。"作家长的，都希望自己的孩子像个"开心果"，天天快快乐乐，这是家长的天职，因为孩子快乐，家长也快乐，快乐是可以分享的。

每天，犊犊从学校放学回家，进门见面我们交谈第一句话常常问他："今天在学校里快乐吗？""快乐！开心！"有时，他的回答干脆响亮，他的脸蛋笑得像一朵太阳花。有时，他会沉默寡言，不愿回答你的问题。其实，孩子的脸就是一支快乐温度计，什么时候，他很快乐，什么时候，他一点也快乐不起来，全写在脸上。

记得他在上幼儿园那三年，他会对我说："我希望天天过生日，因为生日那天，既可以吃生日蛋糕，吹生日蜡烛，爸爸妈妈还要带我去坐地铁，去科技馆，去儿童乐园。好开心！"后来，他又说："我希望天天都过年。"因为过年，他可以拿到很多红包。那时候，他的快乐常常与节日与礼物连在一起。

如今他已是小学三年级学生了，他有很多兴趣，于是，他把自己的快乐与兴趣紧紧连在一起了。他经常会给自己的快乐打分，打分最高的是下围棋、做算术、弹钢琴、踢足球，最不快乐的是写作文，我们把这样的排序，称之为他的"快乐指数"。他的"快乐指数"是经常浮动的，但不管如何浮动，"下围棋"永远是排在第一位的。他说，下围棋是他最快乐的事。一次，一位朋友邀请我们全家去38层旋转餐厅吃饭，时间正巧与他下围棋冲突，他说下围棋比吃饭更快乐，所以他坚决不去吃饭，为了他的快乐，我们全家尊重他的选择。上星期，阿宝把下围棋的"快乐指数"打到了200分，原来，他与他爸爸下围棋，第一次把他的爸爸打败了，这是破天荒的！以往都是他爸爸饶他三颗子，如今棋逢对手，旗鼓相当，他毕竟已从围棋十级升到业余一段了，他简直可以把自己称作"快乐的围棋手"了。

孩子快乐，是家长的期待，更是家长最大的成就。但快乐不可能从天而降。作为家长有责任，有义务，为孩子提供寻找快乐的路径，创造快乐的平台，让孩子去寻找快乐，体验快乐，收获快乐，分享快乐。去年教师节那天，他和班级里几位同学去寻找了一次快乐。放学以后，他们一起回母校幼儿园去看望了他们的曹老师。他在日记上这么写：今天我很快乐，我们博申幼儿园一起毕业的骆华凝、石屹东方和我回到母校，看望了曹老师，她见到我们都戴上了红领巾，她说："今天我特别开心！"

去年，暑假之前，他和他的小伙伴以小老师的身份给博申幼儿园大班小朋友上了一堂课，有上算术课的，也有上语文课的，他们一本正经地让小朋友举手发言，回答问题正确的小朋友，他们也会给"五角星"作为奖励。小朋友们都亲切地称呼他们为"小老师"。在这里，他体验到了成长的快乐。

今年，他在家里种了一盆三叶草，天天给它浇水。他还养了20条蚕宝宝和一只蝈蝈，给蚕宝宝喂桑叶和给蝈蝈吃青菜毛豆，成了他每天生活中的乐事。其实，孩子的快乐并非单纯靠金钱可以买来的。要让孩子收获真正的快乐，只有让他通过劳动，要付出代价，才能体验劳动的快乐，亲近自然的快乐，享受生活的快乐。

其实，家长的心态、心情、甚至脸上的表情，对孩子来说是一支很形象的"快乐温度计"。一次，犊犊数学考试拿到100分，回到家，他有点沾沾自喜，但他的妈妈却很淡然，没有欣喜若狂，更没有把他捧上天。过了几天，学校语文测验，犊犊的小作文竟然得了0分，回到家，他怎么也快乐不起来，妈妈却很淡定："不着急，慢慢来，作文能力的提高要有个过程，只要坚持不懈的努力，相信你一定能考个好成绩。"其实，分数并非是快乐的唯一来源，分数更不是生活的全部，我们是生活的主人，不要做分数的奴隶。

快乐是灿烂的阳光，快乐是清新的空气，在孩子成长过程中，快乐是孩子不可缺少的精神食粮。今天的孩子正在享受着富裕的家庭物质生活，但是，很多孩子并不快乐，因为孩子对物质的需求是有限的，但对精神的追求却是无限的，快乐与物质并不成正比。让孩子收获快乐，需要家长的人文关怀。要让孩子成为快乐的花朵，家长首先应成为快乐的园丁，只有把快乐的种子播在自己的心田，家庭才会成为快乐的花园。

第❷课
读好这本生活教科书

每天晚餐桌上，正是全家老少信息交流的黄金时段，也是倾听孩子心声的最佳平台。

2016年12月12日各大报刊都报道了"复旦投毒案"最终宣判结果：林森浩被宣判了死刑。全家人都为林森浩和黄洋两家的悲剧而扼腕长叹！

这两个家庭既值得同情，同时，作为孩子的家长又应该从中吸取点什么呢？我的小外孙虽然还只是小学生，这个案例对孩子来说，的确是一个难得的"如何做一个大写的人"的反面教员。我们全家决定利用吃晚饭时间，把这个"复旦投毒案"的来龙去脉讲给孩子听，让孩子不能光埋头读书，也得了解当今社会，为将来进入社会，成为一个社会的人作必要的准备。

"复旦投毒案还得从三年前的'愚人节'说起……"我讲得很动情，犊犊听得也很入神，如同听一个非常惊险的故事。故事讲完了，但我把重头戏放在与孩子共同讨论一个问题：如果一切可以重来，如果让时光回到三年前的当初，如果黄洋对林森浩有一点起码的尊重和体谅，对林森浩的贫困和小气多一点关爱和同情，少一点讥讽和冷漠；如果林森浩对黄洋虽心存不满，但学会包容和宽容，不至于在"愚人节"用投毒的方式进行报复。故事的结局又会怎么样？如果世界上有一种"后悔药"……

犊犊对我提出的问题很感兴趣，从他的视角，从他的认识水平发表他的观点："林森浩和黄洋住在同一宿舍，而且都是成绩优秀的博士生，他们应该是一对好朋友，他们之间为什么相互怨恨呀？""对！林森浩和黄洋都是从外地考入复旦大学，可以这么说，从学习成绩来评价，他们在当地是出类拔萃的优秀生，甚至可以说是学霸。但是，他们在中、小学阶段，少读了一本书，这本书就是《怎样做一个大写的人》。这两个博士生，最可悲的是，只会读书，不会做人。"对孩子来说，也许是第一次接触到既陌生又熟悉的名词——做人，如何让孩子夯实做人的基础？其实，必须从生活的每一件小事做起。今天的餐桌，不正是学会做人的最好课堂？

我说："做人是一门艺术，其中有非常深奥的学问，但很关键的首先要处理好三种关系：与自己的关系；与他人的关系；与自然的关系。你认为自己这三个关系处理得好不好呢？""不知道呀……""好，我们一起来作个分析：去年，你在校运会上，跳绳比赛得了第一，今年你落伍了，但你没有灰心丧气，还仍充满信心，说明你对自己有自信力，争取明年打翻身仗！没有把自己看扁了。在学科上，数学是你的强项，作文是你的短板，你能自知之明，不气馁，不服输，努力缩短差距，说明你能客观认识自我。其实，每个人，不管是谁，都有自己的长处与短处，也有各自的优点与缺点，胜不骄，败不馁，了解自己，接纳自己，又要努力改变自己，这样才能正确处理好与自己的关系。"

"那么，与他人的关系呢？""对呀，你与全班每个同学的关系处理得怎么样呢？与每个学科的老师关系处理得怎么样？""有两件事值得提一提，我认为你处理得很好。一件事，一年级时，你的同桌把你画好的一张地铁图，当作废纸撕碎了，而且扔到了废物箱，当时，你虽然很不高兴，但没有发脾气，你非常宽容他，仍然把他当作自己的好朋友，说明你很大气，会处理同学之间关系。"

"另一件事，最近，学期马上结束，你在体育老师征询意见表上这么写：'老师，你上的体育课我们很喜欢，也很开心，你上课比二年级时，说话更幽默更风趣，下学期，你可要继续保持哦！'我想：老师对你给他的评价和鼓励一定也很感动。"

"你与同班小朋友在同一教室一起学习，已经有四个年头了，全班三十二个同学，我想了解一下，真正成为你的好朋友有几位？"

"十个小朋友。"

"那很好！希望一年以后，你的好朋友能增加到二十位，甚至三十位。好不好？"

"好！"

"那么，第三个关系呢？"

"那就是善待地球,保护环境,珍惜自然。"

"知道了!不损害花木,不乱抛废物,保护环境,爱护小动物……"

今天,你不仅是中国人,上海人,更是地球村的人,地球人,国际人。你不仅要成为有知识、有文化的人,而且还应是个乐观、阳光的人,身心健康的人。语文、数学几本教科书,固然重要,但做人这本"书",比语文、数学更重要……

一次餐桌上的对话早已画上句号,但对孩子来说,《人生的教科书》却刚刚打开,但愿"怎样做人"的教育永远渗透在每个家庭生活之中。

第❸课

读闲书也是学习

这两天,犊犊迷上了《三国演义》,甚至忘了做作业。班主任刘老师已在微信里向他妈告状。

周四下午四点半,犊犊背着沉甸甸的书包,一进家门,扔下书包,抱起这本看了一半的《三国演义》,倒在沙发上便读了起来。读到兴奋时,或手舞足蹈,或哈哈大笑……

傍晚,犊犊妈下班回家,见孩子仍沉浸在《三国演义》的赤壁之战中,今天的语文、数学作业,还有英语单词默写作业仍躺在他的书包里睡大觉。犊犊妈从接到老师微信那时起,心中已经不快。说实在话,今天的孩子都是家长的脸面,自己的孩子挨老师批评,做家长的,多丢脸!进门见儿子头也不抬,作业一字未写,更是火冒三丈:"我今天不请你吃生活,真是敬酒不吃罚酒!叫你爸爸好好收拾你,看你……"她抢过孩子手中的《三国演义》恨不得把它撕得粉碎,扔进火炉,将它烧成灰烬。

犊犊爸终于下班回到家,本该全家可以围着桌子吃晚饭了,我老伴已把刚烧好的饭菜端到桌上,犊犊妈气呼呼板着脸，望着热气腾腾的饭，香喷喷的菜，可她一点儿也没有胃口。她希望自己的老公立即加入"三堂会审"的队伍，形成自己的统一战线。

然而犊犊爸却没有这么做，他笑着坐到孩子身旁，饶有兴趣地翻开这本《三国演义》，问道："你喜欢《三国演义》？我也喜欢《三国演义》。我在小学三年级已看这本书了！除此外，我还读了《水浒传》、《西遊记》、《红楼梦》呢！现在，我来考考你，《三国演义》中的'三国'分别蜀国、魏国、吴国是吗？""是。""三国的首领分别是谁呢？""关羽？张飞？曹操？诸葛亮？……"犊犊一脸紧张的神态马上放松了，像猜谜语一样回答爸爸的问题。"错了！说明你书是读了，但还没有真正读懂，没有消化吸收。其实，像你这样，作业不做，一边担心老师批评，一边又害怕妈妈生气，这样就会有思想负担，就会一心两用，这样是读不好书的。与其这样，还不如先做好作业，再读《三国演义》。饭要一口一口地吃，事情要一件一件地做，做事也要分轻重缓急，你是个小学生，完成老师的作业，你是第一责任人，谁也无法替代。"他爸爸的一席话，让犊犊红了脸。

事后，犊犊爸对他的妻子悄悄地说："孩子放学不做作业，固然不是一件小事，而是一件大事。但要解决这件大事，光急不行，光气更不行，因为孩子成长是一个漫长的过程，养成好习惯，得慢慢来，持之以恒，才能见效。"面对孩子成长过程中的烦恼与问题，家长的智慧是"用孩子的眼睛看孩子，用智慧的眼睛看孩子，用平和的心态来面对，用积极乐观的方法来处理"。教育孩子要有大智慧，大智慧来源于家长的博大的胸怀和远大的目光，有了大智慧才会有教育的大手笔。如果家长急功近利，鼠目寸光不可能有大智慧。

犊犊看《三国演义》不是一件坏事，而且是一件值得庆贺的好事。孩子课外阅读，其实也是一种学习，这是他在学校之外的自主学习，是以满足个人兴趣为目的的一种学习。我们不能把学习片面理解为单纯完成老师布置的作业，甚至把课外阅读视为不务正业，影响学习。如果一个学生只会做老师布置的题目，不读一本课外书，没有一点自己的兴趣和爱好，将来他能适应社会需求吗？能成为国家所需要的人才吗？而孩子要改变的是如何合理安排课外阅读与作业的时间？这个问题其实只是孩子在成长过程中的小烦恼，绝不是有碍学习的坏事！

既然犊犊看《三国演义》也是一种学习，我们有必要为此而生这么大的气吗？有必要将孩子推到自己的对立面吗？大智慧可以带来平和、乐观、开放的心态，以一颗等待花儿慢慢开的心，给孩子在问题和不足中提供一个成长的机会。

"记得我自己的童年，我也喜欢读闲书，有时候也会忘记做作业，我的爸妈为了显示自己的权威，往往采取把书没收，这种教育方法是一种消极的惩罚。其结果使亲子关系紧张，也许我无可奈何会屈于父母压力而作个检讨，但从内心深处，口服心不服。"犊犊爸用自己的智慧统一了妻子的教育思想，如同阳光驱散了她心头的乌云。

其实，犊犊爸的大智慧是建立在他与儿子平等的相互尊重的亲子关系之上，他能弯下自己的身段，站在孩子的角度理解孩子的烦恼与需求，感受孩子的喜怒哀乐，用孩子的眼睛看孩子，用微笑面对，心平气和处理孩子成长中的烦恼与问题。家长有了这种尊重、包容、宽容的心态，就会用欣赏的眼光捕捉孩子与弱点相反的长处。其实，在孩子未完成作业的问题之中，正隐藏着他对课外阅读的兴趣和需求，值得我们家长去正确引导和期待。

那天晚上，犊犊爸妈没有对孩子进行"三堂会审"，也没有没收他的《三国演义》，他们做了三件事：一、充分肯定了犊犊对阅读的兴趣和本学期在学习上的点滴进步。二、讨论如何合理配置时间。完成作业是学习，课外阅读也是学习，只要合理安排，可以做到两不误。三、承诺：如果两个星期内能有所改变，有所进步，犊犊爸妈就给孩子再买三本古典名著《水浒传》、《红楼梦》、《西游记》。

当然，任何一种教育方法都不可能立竿见影，也不可能一蹴而就。家长对孩子的教育，只能让孩子成为他自己，而不可能把他造就为一个完美无缺的人。孩子身上的不足与问题，其实不是我们教育的失败，而是他成长过程必然的规律，更是我们做父母的与孩子共同成长的一个契机。

第 ❹ 课

发现兴趣，开发潜能

在我家附近有一个杨浦公园，公园里有一座猴山，猴山是我的小外孙犊犊最爱去的地方。每个星期天，只要他一踏进公园，他便直奔猴山。猴山四周，筑着半腰高的围墙，他在围墙上一坐就是半天，不到吃午饭时间，绝对不肯下来。猴山上有大猴、小猴、老猴，还有抱在母猴怀里的幼猴，究竟有多少只？谁也数不清，它们在猴山上奔跑、打闹、嬉戏、抢食……每次去猴山，他总不忘给小猴带上它们爱吃的饼干、苹果，有一次，他给猴子扔去一根香蕉，只见一只小猴接过香蕉，熟练地剥去香蕉皮，津津有味地把香蕉吃个精光。把犊犊乐得手舞足蹈。猴山上的猴群经常为争夺小朋友馈赠的一只苹果，一块好吃的蛋糕而发生争吵，使整个猴山不得安宁。一天，犊犊见一只小猴刚刚到手的一只大苹果被背后偷袭的大公猴抢走，他为之愤愤不平。他问我：这只小猴的爸爸是谁？妈妈是谁？他们为什么不来帮帮小猴的忙？他真想从自己带来的口袋中拿点什么好吃的东西来安慰这只被欺侮的小猴，然而口袋里早已空空然也。这时，他突然从自己头上取下一顶遮阳帽，朝小猴方向使劲扔去，但他毕竟力气很小，帽子没有被小猴接住，反而落在猴山四周的小河里，溅起一片水花，整个猴山如同扔下一颗"炸弹"，发生了一场争夺帽子的"战争"。

猴子，是犊犊喜爱的动物，是他这个年龄段的兴趣所在。猴子，可以成为他接受新知识的切入口和连接点。于是我开始给他讲猴子的故事。第一个猴子的故事便是《猴子捞月》，杨浦公园那只小猴子便成了《猴子捞月》的主角。现实与想象，生活与艺术，相互交融，相互渗透。他听着我的故事，看他的神态那么专注，睁大眼睛似乎眼前就是一座猴山。一边听，一边在思考，不停提出一个又一个问题："月亮怎么会掉到井里了呢？"我说："那是月亮的倒影。""那月亮是什么呢？"犊犊带着对月亮的好奇听完了我的故事。孩子渴求新知，孩子好奇好问，我们如何满足孩子对知识的渴求呢？于是，"月亮"又成为孩子新知识又一切入口与连接点。围绕月亮，我们给他讲了神话《嫦娥奔月》和阿波罗登月的故事。

从吃饭"慢吞吞"到冥王星被"开除"

一天，他的爸爸给孩子买来两本大画册《儿童科学探索百科全书》、《太空探索游戏》，说的都是太空、宇宙、星球……离孩子十万八千里。打开这本画册，他爸爸让犊犊指书上每一幅彩图去认识自己生活的地球，去了解绕着太阳运转的每一颗行星：水星、金星、地球、火星、木星、土星、天王星、海王星、冥王星。令大家失望的是孩子对这本画册提不起一点兴趣。这些知识对孩子来说太遥远了，太抽象了，他怎么可能想象他仅仅是地球上一个生命体，而地球在浩渺的宇宙中仅仅是一个星球罢了？

　　第二天，吃晚饭时，犊犊吃饭慢吞吞，爸爸、妈妈把饭吃完了，外公、外婆也吃完了，他的饭碗仍然满满的。这时，爸爸说话了："你知道吗？九大行星中冥王星又小又离太阳远，已被开除了，你吃饭这么慢，也会被开除的……""开除？""对！""什么叫开除？""开除就是大家都不理睬他了……"他爸爸的"开除"两字似乎触动了犊犊兴趣的神经。于是，他独自又打开了曾被冷落的《儿童科学探索百科全书》，翻到了"太阳系的大家庭"一页，从"光热使者——太阳"到"沉寂的水星"，从"炙热的金星"到"生锈的火星"，从"巨大的木星"到"带光环的土星"，从"遥远的天王星、海王星"直至"最最小的冰冰冷的冥王星"。每天，他从幼儿园放学回家，第一件事便是铺开一张白纸，用铅笔画九颗行星的运行图。他说："太阳是个大火球，这九颗行星都绕着他转。"他问我："我们可以乘坐宇宙飞船去太阳那里吗？"我说："不行。太阳表面温度很高。"他不信，我拿来了一块放大镜，对着太阳光，下面的一根火柴很快点着了。他看着信服了。他又问，那么坐宇宙飞船可以去天王星、海王星和冥王星吗？我答："等你长大了，一定可以。"现在，犊犊可以把八大行星的名称、特性说得头头是道，如果我们提醒他："还有第九颗冥王星呢！"他会不屑一顾地说："太小了，早被开除了！"

从念孙悟空儿歌到看《西游记》DVD

"唐僧骑马得儿得,后面跟着孙悟空。孙悟空,眼睛亮,后面跟着猪八戒。猪八戒,鼻子长,后面跟着沙和尚。沙和尚,挑着担,后面跟着老妖婆,老妖婆,真正坏,骗过唐僧和八戒,唐僧、八戒真糊涂。真糊涂,上了当。多亏孙悟空眼睛亮,眼睛亮,冒金光,高高举起金箍棒,金箍棒,有力量,妖魔鬼怪全扫光……"这首儿歌是犊犊在幼儿园学的,他很喜欢,经常在口中念念有词。我想:这首儿歌是一座桥,可以引导孩子走进中国古典名著的殿堂。为了让犊犊面对面认识孙悟空、唐僧、猪八戒和沙和尚。每天睡前半小时,我们全家为他生活内容增加一个新的节目——看两集《西游记》DVD,在这里,他领教了孙悟空神通广大的"七十二变";钦佩他力大无穷,把"金箍棒"拿在手里挥洒自如;更使他神奇的是孙悟空的火眼金睛,能识破一切妖魔鬼怪。他自称是孙悟空的"粉丝",在家中他自封"孙悟空",称他爸爸为八戒,他妈妈为唐僧,封他外婆为"老妖婆"。他经常在家中一手舞着塑料棒,模仿着孙悟空各种动作,而大闹"天宫"。伴随着每天睡前《西游记》情节的发展,犊犊也成了一个夜游神,到了12点钟,仍无睡意,不肯进入梦乡。尤其令人不解的是连续几个晚上,犊犊半夜突然会从熟睡中醒来,莫明其妙哭声不断。妈妈问:"是肚子饿吗?妈给你冲牛奶?"他摇摇头。"要小便吗?"他仍摇摇头。"你哪儿不舒服吗?"他还是摇摇头。这下全家可犯难了，犊犊究竟为什么在半夜里会大哭大闹呢？他妈妈一边帮他擦眼泪，一边摸摸他的额角，不像发热，体温正常，看看他的眼睛，双眼充满惊恐的目光。孩子突如其来的变化，给全家生活蒙上了一层乌云。一个星期之前，他天天晚上，一觉都睡到大天亮。为什么这几天他大闹"天宫"，使全家不得安宁？其实孩子每个细微变化，都可通过家长细致的观察而找到答案。孩子是一本书，需要大人们认真去读，才能真正读懂。

第二天晚上八时，按惯例，他爸爸打开电视机，为他播放两集《西游记》。前天看的是《悟空大战黄风怪》，昨天看的是《宝象国里除妖孽》，今天看《悟空三打白骨精》。随着《西游记》情节一步步发展，只见山洞里妖雾缭绕，白骨精露出狰狞的面目，突然，摇身一变，变成了一位白发苍苍的老太太……我们突然发现，坐在沙发上专心致志的犊犊，很快地离开座位，躲到厅旁的柜子后面，一边悄悄地看着孙悟空举起手中的金箍棒，只见一道白烟，地上留下一堆骷髅和白骨……他的眼睛里，惊恐万状，但又充满好奇……孩子的表情使我们找到了他晚上大闹"天宫"的答案。电视片中的妖魔鬼怪是不适合3—5岁的孩子观看的。狰狞的面目，恐怖的场面让孩子感到恐惧和害怕。孩子进入梦乡以后，它甚至在梦中再现。其实，孩子夜半哭声不正是对可怕的"白骨精"作出的心理上的反应吗？

从此以后，我们停止了《西游记》的播放。犊犊的夜半哭声也画上了句号，家中的生活一切都恢复了平静。

打开孩子兴趣的大门

孩子的潜能是多元的,而且无限的。哈佛大学心理学家加德纳博士提出多元智能理论,认为每个孩子至少拥有八种智能:一、语言智能;二、数理逻辑智能;三、视觉空间智能;四、身体运动智能;五、音乐智能;六、人际关系智能;七、自我认识智能;八、自然智能。

我认为:对幼儿开发潜能的过程,首先是激发兴趣的过程。只有打开孩子兴趣的大门,孩子才会真正自主地去获得知识,才能体验成功的快乐。在孩子3—5岁这一年龄段,很多家长很注重给孩子灌输知识,认为孩子大脑的发育,已在向成人靠拢,不要认的孩子尚小,其实孩子什么都懂,关键在于我们如何去"灌输"?根据我的实践,要坚持以下几个原则:

(1) 循序渐进的原则。即由浅入深,由具体到抽象,由近及远,由小到大。犊犊对分数的概念首先从生活中切西瓜、分苹果开始,明白了什么是二分之一,三分之一,四分之一。

(2) 共同学习、相互学习的原则。作为我们进入祖辈角色的老人,过去所学过的很多知识均已"老化"。我们也不可能是"万宝全书"。所以"向孩子学习,向年轻一代学习,三代人之间相互学习"是我们必须确立的学习理念。有一次,我从商店买回一袋板栗,犊犊第一次吃上这个东西,他很自然会问我:"这是什么?"我回答:"栗子"。他又问:"上海话怎么说?"又问:"英语怎么说?"我在英语方面几乎文盲,他使用英语却非常流利，一次，竟用英语数数，从 1 开始，一直数到 100……

（3）寻找知识的连接点的原则。生活本身是一本教科书，不管是天文知识，还是数学、物理、化学常识……科学知识相互之间不是孤立存在的，总可以在日常生活找到它的连接点和切入口。有了连接点和切入口，任何知识就可以变枯燥为有趣，变抽象为具体，变难懂为易学。孩子每天的生活似乎非常简单，但在简单的生活、游戏、活动中总可找到各种知识的连接点和切入口，如同帮助孩子找到进入知识宝库的一座桥和一扇门。

（4）满足孩子兴趣和需求的原则。不同的孩子有不同的个性，也有不同的兴趣和爱好。可以这么说：一个孩子一个样。根据加德纳多元智能的理论，每个孩子都拥有八种智能，但并非对八个方面面面俱到都有兴趣。在八个方面，总有一个方面或几个方面会有兴趣，关键在于我们家长平时对孩子细心观察和因势利导。

我对犊犊的观察和了解，在视觉空间智能，数学逻辑智能方面有兴趣的萌芽。一次，他和妈妈一起去坐地铁，进了地铁站，妈妈说："忘了带一张地铁图。"他答："不用带，我给你画一张。"原来，他可以把 4 号线这环线总共 26 个车站背得滚瓜烂熟，全市的 11 条地铁相互换乘可说得对答如流。那天，他们俩总共花了半天时间，坐了 5 条地铁，如何换乘，在哪个站换乘，不是犊犊被妈妈牵着"鼻子"走的，而是妈妈在犊犊的带领下乘四号线离家，转了三辆地铁，然后再坐八号线回到家。

第 5 课

体 验 独 立

十月十五日是犊犊十岁的生日。早在一个月之前,他的外婆开始为他的生日活动忙开了:又是订生日蛋糕,又是准备生日红包、上大饭店订生日宴。然而,犊犊妈说话了:"十岁对孩子来说,也是人生道路上一件大事,应该让他真正感受成长的快乐。今年让他自己当生日主人,家里举办一个生日派对,好朋友由他自己邀请,蛋糕让我自己来做。"犊犊妈妈的倡议得到了全家的响应。

第二天,犊犊开始制作邀请函,用彩色笔在练习本纸上写上:邀请好朋友参加我的生日派对。时间:十月十五日放学后;地点:我的家。一张、两张、三张、一共写了六张。

第三天,生日派对的邀请函已送到犊犊好朋友手中,有小华、方方、天天、冬冬……

终于等到了十月十五日。那天放学,我们大人全部退居二线,家中真正成了孩子王国。犊犊切开了妈妈亲手制作的草莓蛋糕,让他的小朋友共同分享,一起唱《祝你生日快乐》歌,犊犊成了小朋友的中心人物,他第一次成了家庭主人,他给小朋友倒橙汁，给每个小客人分蛋糕，还给大家演奏了一首钢琴曲《献给爱丽丝》。

晚上，犊犊收到了爸妈写给他的一封《生日贺信》，信是这样写的——

犊犊：

今天是你的十岁生日，你已经长大了，爸爸妈妈向你表示祝贺！

你在成长，其实，爸爸、妈妈也和你一起成长。最近，我们读了一本书《男孩为何要穷养》，很有体会。书中说：性别给男孩巨大的能量，男儿如石，让他们多受点穷，多吃些苦，才能磨炼他们的意志，锻炼他们的能力。男儿需要独立，让他们学会独立思考，独立决策，才能摆脱依赖性；给他们独立成长的空间，才能让他们学会按照一定的方式获得信息，尊重他人。

作为你的父母，是你的生命的创造者，精神的引领者，将永远给予你最多的爱和信任。其实，对你愈早放手，愈表明我们对你的亲子情深，相反，什么都为你承担责任，在不经意之中正在剥夺你成长的权利。今天，我们也推荐你读读这本书，以这本书为镜子，照一照你爸妈的教育方法还存在哪些问题和差距，我们真担心我们过度的爱反而成为你走向独立的障碍。

爸爸、妈妈期待你早日成为一个真正的男子汉，走向独立，走向自主。爸爸、妈妈不可能也不应该成为你永远的保姆和拐杖。为此，从明天开始，我们决定在以下三个方面开始

"放手"，以培养你的独立自主的能力。

每天早上六点半，我们不再催你起床，要求你按时起床，准时到校。

每天我们不再帮你整理床铺，要求你自己学会叠被，整理房间。

放学后，自己安排时间完成作业，外公、外婆不会再提醒你抓紧时间。

永远爱你的爸爸妈妈 10.15

一个星期后，犊犊读完了《男孩为何要穷养》一书，他向妈妈提了一条意见，希望妈妈今后多点耐心，少发脾气。因为你发脾气，只会让我口服心不服。譬如说，每天放学回家，我多想有点时间让我自己安排，读读自己喜欢的书，玩玩自己喜欢的小玩意儿，你老是在我耳边催促我作业、作业、考试、考试……你烦，我更烦！犊犊说："从明天开始，我弹钢琴你们也放手吧，时间让我自己安排。"他妈欣然同意，从"手把手"到"放手"，犊犊爸妈在自己成长的道路上又上了一个台阶。

在犊犊成长的道路上，在两岁时，是父母"手把手"教会他迈出第一步，最终学会了走路，有了爸妈的"放手"，才能让他学会自己走路。犊犊进入小学以后，父母"手把手"教他学会写字、学会做事、学会做人，但只有真正"放手"，才能让他成为一个独立的人，大写的人。

作父母的，第一次"放手"容易，第二次"放手"难。其实，教育的最终目的，是为了让孩子早日独立。"手把手"为了"早脱手"、"早放手"。作家长的,谁希望自己的孩子成为精神上的"软骨病",物质上的"啃老族"?唯一的教育途径是:该放手时要放手!家长的手千万不要成为束缚孩子走向独立自主的羁绊,孩子已经长大了,为什么已经长大的孩子在有的父母心目中永远长不大?原来,这些家长心里,把孩子永远定格在幼儿园,永远用凝固的目光来看待已经长大的孩子。

"手把手"容易,"放手"难!

父母的第一次"放手"容易,第二次"放手"更难!

蒋若凡 5岁

第 ❻ 课
情商比智商更重要

智商就是智力商数。智力通常叫智慧，也叫智能。是人们认识客观事物并运用知识解决实际问题的能力。智力包括多个方面，如观察力、记忆力、想象力、分析判断能力、思维能力、应变能力等。智力的高低通常用智力商数来表示，是用以标示智力发展水平。以往认为，一个人能否在一生中取得成就，智力水平是第一重要的，即智商越高，取得成就的可能性就越大。但现在心理学家们普遍认为，情商水平的高低对一个人能否取得成功也有着重大的影响作用，有时其作用甚至要超过智力水平。

到底什么是情商呢？美国心理学家认为，情商包括以下几个方面的内容：一是认识自身的情绪。因为只有认识自己，才能成为自己生活的主宰。二是能妥善管理自己的情绪。即能调控自己；三是自我激励，它能够使人走出生命中的低潮，重新出发。四是认知他人的情绪。这是与他人正常交往，实现顺利沟通的基础；五是人际关系的管理，即领导和管理能力。

情商的水平不像智力水平那样可用测验分数较准确地表示出来，它只能根据个人的综合表现进行判断。心理学家们还认为，情商水平高的人具有如下的特点：社交能力强，外向而愉快，不易陷入恐惧或伤感，对事业较投入，为人正直，富有同情心，情感生活较丰富但不逾矩，无论是独处还是与许多人在一起时都能怡然自得。专家们还认为，一个人是否具有较高的情商，和童年时期的教育培养有着密切的关系。因此，培养情商应从小开始。

情商的价值是无限的，情商伴随着社会人的一生，是后天培养与修炼都能达到的。那么，如何从小培养孩子的情商呢？

培养孩子自信力

孩子的自信来自家长期待的目光，来自父母对孩子的尊重和信任。孩子的潜能是无限的，如果家长能不断给孩子提供成功的平台，经常让孩子去做力所能及的事情，并及时给予肯定和激励，这样的孩子有自信力。我的外孙犊犊在他成长的道路上，始终伴随着成功的体验：2岁，他学会了给爸妈拿拖鞋、倒垃圾；3岁，他参加了亲子合唱团，学会了五线谱；4岁，他学会了自己吃饭，学会了骑四轮自行车；5岁，他学会了滑轮；6岁，他学会了骑两轮自行车，开始弹钢琴练习曲……妈妈说他学一样，会一样，学一样，像一样。孩子的自信力就确立起来。

培养孩子自信力，父母首先要敢于破除越俎代庖的传统观念，孩子能行，决不包办代替。最近，我准备带犊犊去浙江参加三天农家乐活动，按一般家庭的惯例，家长代孩子写一张请假条，或父母代为向老师请假，为了培养他的交往能力和表达能力，让孩子自己去向老师请假，要求把活动的时间地点表达清楚。我的实践体会是：让孩子自己向老师请假。一则可培养孩子沟通能力；另则锻炼他的口才，如何正确流利表达？请假原因，旅游时间、地点等元素让老师听明白。三、自己事情自己做，加强责任心。实践证明：犊犊任务完成得很好，而且受到了老师的表扬。

正确对待孩子的消极情绪

人是有情绪的动物，生活是多色彩的，情绪也是一个多面体的魔方。当犊犊与伙伴下围棋时把对方打败了，他会兴奋得跳起来；当他在幼儿园得到了老师的"五角星"，他会自豪地扬起了头；当他骑自行车摔倒了，他会很伤心，眼泪也滚下来了；当他在弹钢琴时，手指不听使唤的时，他很沮丧，把钢琴的键盘当作喧泄的对象……如果让孩子经常体验健康积极的情绪，会促使孩子建立自信、活泼、开朗、乐观、活泼的性格；如果经常体验消极情绪的孩子，会形成孤僻、胆怯、悲观的性格。孩子的不良情绪既是难免的，但作为家庭应优化生活环境，应尽量减少孩子消极情绪的诱发因素，如及时满足孩子的合理要求，避免大声吵架、吓唬体罚孩子。

当孩子面对不良情绪，我们应指导他正确排解，学会自我调适，坦诚表达，以稳定情绪。必要时可采取转移孩子的注意力、兴奋中心转移、适当宣泄不良情绪等方法。有一段时间，我的外孙犊犊常常用哭来表达自己的不良情绪：生气、憎恨、害怕、悲伤、挫败、紧张、害羞、沮丧、担心……每当孩子用哭来表达自己不良情绪的时候，我们对孩子的哭不迁就，不用强制手段制止其哭声，当孩子情绪最剧烈的时候不火上加油，而采取冷却法，然后逐步引导其正确表达内心的感受，把心里的话说出来，只有这样，才能引导他学会把不良情绪扔到垃圾筒里去。让孩子明白这样的道理：每个人，不管大人还是小人，人人都会生气，人人都会发怒，人人都会难过，人人都会紧张，有了这种不良情绪要学会自我排解，自我调适，只有毫不犹豫把这种不良情绪扔进垃圾筒，让自己真正快乐起来，使自己成为一个充满阳光的孩子。

让孩子学会伙伴交往

伙伴交往对孩子来说是一种重要的学习。再优秀的家长也无法替代伙伴的作用。让孩子拥有伙伴，享受友谊，让孩子学习人际交往的技能和社会规则，伙伴之间的相互学习，得到尊重和理解，促进孩子的社会化。有伙伴的孩子很快乐，没有伙伴孩子很难快乐起来。所以家长要支持和鼓励孩子与伙伴交往，要为孩子的伙伴交往提供平台，给予时间和空间上的自由。每逢双休日，我的外孙犊犊便主动打电话约请幼儿园同班小朋友圆圆、冬冬、东方、当当到我们家来玩，把自己的玩具、零食拿出来请小伙伴分享。

　　伙伴之间产生矛盾，受到委屈是很正常的事，家长不必过多干预，通过矛盾的产生与解决，让孩子掌握伙伴交往的游戏规则。例如，有时几个小朋友同时抢一个玩具，谁也不肯谦让，怎么办呢？大家来一个"剪刀石头布"，矛盾就迎刃而解了。一天，我的犊犊与比他大两岁牛牛踢球，结果是15比16输了一球，虽输犹荣，因为他是小弟弟，牛牛是哥哥。犊犊刚刚学会骑两轮自行车，就提出要与大哥哥比赛。为了满足孩子的好胜心，强化其自信心，让其多与比他年长的哥哥姐姐为玩伴，促使他快快长大！伙伴对孩子是一本生活教科书，从同龄到年长伙伴，这是一个飞跃。

　　除了伙伴交往之外，还要让孩子学会与大人的交往，其中包括与老师、与长辈、与邻居、与小区保安、与商店营业员……作为家长一方面让孩子懂礼貌，会换位思考，以坦然大方的心态与大人打交道，另一方面，给孩子提供各种锻炼实践的机会。可谓一举多得。如果我们带孩子外出，可以让孩子独立向警察叔叔问路；如果去商店购物，可以让孩子去付款，让孩子掌握购物的全过程，如何向营业员正确表达自己要求，当离开柜台之前，学会说"谢谢"。

第❼课
孩子之间有矛盾并非坏事

这是一个真实的故事,这是"小人国"里一场没有硝烟的"战争"。

每天下午4点钟,幼儿园放学了。"海上海"小区的中央大道上,成了孩子们户外活动的天地。小男孩东方虽然还在幼儿园上大班,他背的书包却鼓鼓的,原来里面装着很多玩具。现在,他打开书包,把装在书包里的一个一个"抱娃"拿出来,让周围的小男孩当当、犊犊一起玩。"抱娃"有各种颜色,在孩子手里变幻无穷,一会儿变成了一个圆圆的球,一会儿又变成了四肢张开的娃。我坐在河边的木凳上,一边分享着孩子们玩耍的欢乐,一边在我的视野里跟踪着孩子们你追我赶的背影……

突然,当当一边哭着,一边抹着泪水奔到我跟前向我告状:"东方耍赖了!刚才送给我的抱娃又讨还了!"这时,东方和犊犊见状也来到我的跟前。当当感到自己很委屈,见东方手中两只抱娃,要去夺回来,东方把手中的抱娃高高举起,理直气壮为自己辩解:"玩具是我的!""你送给我的,就是我的!"

当当一边奋力要去抢东方手中的抱娃,一边叫着:"你再不还给我,我要打110了!"你看,真了不起,孩子从小就学会了自我保护!

我望着当当,他从来没有像今天这么伤心和愤怒,我又望着犊犊,他的两道目光告诉我,他对东方的耍赖非常不满,所以他紧紧地站在当当一边。东方的脸涨得通红,一边警惕地保护自己手中的玩具,一边为自己辩护。我既欣赏小人国的"战争"激烈,又欣赏孩子们的天真和可爱!"你们的矛盾说大不大,说小不小,但110是不会出警的,我看,还是大家坐下来谈判吧!"

孩子之间产生矛盾,其实,不必大惊小怪,大人的责任是引导他们自己来解决矛盾,这也是一种学习,甚至比书本更重要的学习。我记得我们的童年时代,如果我和小伙伴在玩耍中产生了矛盾,我们的父母不管三七二十一,会把自己的孩子臭骂一顿:"我早知道,你们这帮人在一起玩,早晚要吵架。今后不许再在一起!"这岂非因噎废食?甚至还有这样的父母:拎起孩子的耳朵,把孩子拖到家里痛打一顿,还指桑骂槐,把小孩之间的矛盾扩大到邻居之间的大人矛盾。我一边安抚当当,一边请大家冷静下来,坐到河边的桌子四周。

"谈判开始!"我宣布:"谁先发言?""我先说!""我先说!"两人争着要先说。"那好吧,剪刀石头布,谁赢谁先说。"东方用"剪刀"剪破了当当的"布",东方振振有词:"不!这抱娃是我的!我没有送给当当,只送他一年,一年后还是要还的!"犊犊说:"一年有365天到366天!东方不能马上就讨还!"当当很委屈地抹着泪水,说:"是你答应送给我的!你送我了就是我的了!""玩具是我的,不送你了!"犊犊说:"东方不对,我帮当当!""……"

也许东方知道自己有一点儿理亏,也许他看到自己在伙伴中处于少数的境地,他意识到谈判已帮不了他的忙,他离开了谈判桌,抓起玩具逃跑了,犊犊和当当紧追不放。东方在前面逃,犊犊和当当在后面追,他们沿着小河,跑向树丛又返回中央大道,他们之间的距离越来越近。我看到今天的犊犊不知哪来的勇气和力量,他一鼓作气追上了东方,而且从东方手中抢回了玩具。东方见自己手中的抱娃不见了,用足全身力气扑向犊犊,把他按倒在地,想从犊犊手中夺回玩具。犊犊毫不示弱,双手紧紧抱住玩具。这时,当当从后面跑过来,犊犊立即把手中的玩具塞到当当手中。当当接过抱娃,脸上立刻露出了"太阳",他一只手搭到犊犊的肩上:"你是我最好的朋友!我要把你排到英雄榜上去!"来自伙伴之间的欣赏、称赞和鼓励,让犊犊体验了朋友之间的友谊,让他在实践中读懂了朋友之间的责任和义务。

这时,东方在他妈妈的鼓励下,走到当当的身边,他把手中另一个抱娃也塞到当当手中:"我把这个玩具也给你玩!"这时,当当似乎也感动了,他说:"明天,我一定送你一个新的玩具!"小人国的"战争"似乎应该"熄火"了,但犊犊与东方刚才为了抢玩具,曾扭打了一场,犊犊的皮肤也擦破了,衣服也拉歪了,他对东方心里还有点儿气。"犊犊,与东方握握手,大家还是好朋友!"这时,犊犊在大人们的鼓励下伸出了自己的手,与东方的手紧紧握在一起了……

  回到家里,在饭桌上,我把刚才发生的真实故事给全家讲了。最后,我对犊犊说:"今天,我要奖励你两颗五角星!第一颗五角星表扬你很勇敢,敢于伸张正义;第二颗五角星表扬你,你很大气,你主动与东方手拉手,大家永远是好朋友!"大家听了,个个连声称赞犊犊,爸爸表扬他,妈妈表扬他,外婆表扬他,他的脸神采飞扬,充满自信。这一天,在他的五角星榜上又增添了两颗耀眼的五角星……

第❽课
让男孩更有阳刚之气

一天放学回家，我的小外孙犊犊愤愤不平向我诉说："咱们班总共32个学生，16个男生，16个女生，班上选出1个大队长，是女的；4个中队长，竟然全是女的。咱们男生怎么了？难道男子汉不行了？班上一半是男生，一半是女生，男女平等嘛！为什么男生在班级里永远被女生领导呢？"带着这个问题我与他展开了一场有趣的对话。

这次对话是让他先完成10道选择题开始的：

1. 小男孩喜欢刀枪类玩具，小女孩喜欢洋娃娃。
   是这样_____ 不是这样_____

2. 小男生喜欢踢足球，小女生喜欢跳绳踢毽子。
   是这样_____ 不是这样_____

3. 小男生比较淘气顽皮，小女生比较听话乖巧。
   是这样_____ 不是这样_____

4. 小男生的穿着比较随便，小女生喜欢打扮自己。
   是这样_____ 不是这样_____

5. 小男生吃饭胃口比较大，小女生比较挑食。

是这样_____ 不是这样_____

6. 小男生做事比较大气，小女生小气得多。

    是这样_____ 不是这样_____

7. 男生胆量大，女生比较懦弱。

    是这样_____ 不是这样_____

8. 男生比较粗心，女生比较细心。

    是这样_____ 不是这样_____

9. 男孩比较勇敢，女生比较胆怯。

    是这样_____ 不是这样_____

10. 男生多数喜欢数学课，女生喜欢语文课。

    是这样_____ 不是这样_____

我的小外孙很快在1、2、3、6、7、8、9、10题的"是这样"项内打了勾，表示赞同。因为他自己就是一个小男生，他就是这样，他的小伙伴也如此。但对第4题，他推出了班上并"不是这样"的例证。他说："他是我的同桌，叫多多，虽是男生，却一身'娘娘腔'，他喜欢打扮自己，他不喜欢足球，很喜欢女孩子玩的游戏，他经常与女孩子一起玩，他胆子很小，听到打雷闪电，他会吓得魂飞丧胆。"

"难道多多生下来就是一个娘娘腔吗？其实不然。"我说："从班主任老师了解到，多多是他妈妈的第二个儿子，他上面还有一个哥哥，当他妈妈怀上多多的时候，多多妈妈多么希望给她添上一个女孩！因为她已经有了一个男孩，如果一男一女，那就十全十美了。然而天公不作美，偏偏让她多生了一个男孩多多。由于多多妈妈爱女心切，多多出生后，妈妈给多多梳了两条小辫子，给他穿花衣服，花裙子……由于家庭性别教育的偏差，造成孩子成长的"转基因"。所以，多多的"娘娘腔"完全是父母性别教育的失误所造成的。

犊犊说："班上还有一个男生，比女生还要娇滴滴，吃饭挑食，全班第一，他叫可可。你知道可可为什么这么嗲吗？老师说，全给他的外婆宠坏的。可可成了他外婆的心肝宝贝，也成了我们班上第一号'娇小姐'了。"

我说："其实男孩与女孩性别差异是非常清楚的。男孩应该具备阳刚之气，这是男性的本色。但由于家庭教育失误，后天的失调，把孩子男性的本色给抹掉了。在一个三口之家，爸爸是男性的代表，妈妈是女性的象征，爸爸好比是太阳，妈妈好比是月亮，太阳的火热与刚强，月亮的温柔与慈爱，都是不能缺少的。然而很多小朋友的家庭，孩子的生活学习全落在妈妈身上，爸爸为了赚钱，每天很晚回家，孩子难得见到爸爸一次，所以在孩子身上只有妈妈的影响，难以找到爸爸潜移默化的痕迹，这个小朋友的阳刚之气成了无本之木了。"

"其实，淘气、调皮、爱好活动都是小男孩的性别特征。但今天的家长和老师都喜欢听话乖巧的孩子，不喜欢淘气调皮的男孩。他们对男孩的性别特征缺乏起码的包容度。他们不喜欢男孩冲冲杀杀，奔奔跳跳，甚至规定课间十分钟也不允许在操场上奔跑，他们要求每个孩子都要文静听话，有的学校甚至把具有男性某些特征明显的孩子列入差生的行列。"

"为什么在中队选举中,男生当选的这么少呢?是男生不行吗?"犊犊问。"其实不然。因为在生理发育的年龄上,男女生之间是不平等的。男生进入青春期远远比女生慢2年,可见男生在心智发育上,要比女生慢得多。所以家长和老师要学会等待。女孩在小学五年级已进入青春期。男孩一般在初中才能进入青春期。所以作为你这个小男生要了解自己的性别特征,要接纳自己成长的规律,不要因为妈妈喜欢听话的孩子,老师不喜欢男生之间的打打闹闹,而把男生应有的阳刚的一面磨光了。其实男生有男生的优势,女生也有女生的优势,只有阴阳相济,家庭才能温馨,学校才能和谐,社会才能安定。"

我说:"今天你是一个阳光少年,明天一定是一个真正的男子汉。如果说今天的学校有一点儿'阴盛阳衰'的话,这不全是你们的责任,父母有责任,特别是父亲有责任,养不教,父之过嘛!学校老师也有责任,社会更有责任。我们要为真正的男子汉的成长提供适宜的家庭环境,学校环境和社会环境。"

这是一次平等的对话,也是一场祖孙间的互动。在家庭亲子之间,多的是围绕分数学习的训话,少的是关于性与性别的讨论和对话。今天的孩子渴望了解性与性别的知识,我们有责任满足他们的需求。

第 ❾ 课

游戏，胜于玩具的快乐

今天的孩子幸福吗？在大人的眼睛里，今天的孩子与我们当年物资极端贫乏的年代相比，简直是天壤之别。我们女儿的童年几乎没有什么玩具，但我的小外孙有多少玩具？光形形色色的汽车就有一百多辆，如果把全部玩具拿出来晒一晒，够开一个玩具店。每逢节日，在我们小区，经常看到三口之家，爸爸、妈妈和孩子每人手中各拿着一台平板电脑，各人玩各人的游戏，孩子全神贯注地投入的程度，几乎已忘记了周围的一切，忘记他身边的父母，似乎这个世界只有他自己。

其实，玩具毕竟是没有生命的，它不可能代替亲情，我们那个年代，虽然买不起玩具，但不受时间、地点限制，我们便可与女儿玩起各种游戏，其儿歌朗朗上口，亲子之间的情感在活动中互动交融。

可以这么说，亲情比玩具更重要，如果没有亲子之间交流，其玩具再现代化，也不过一堆金属加塑料。玩具不仅仅是开发孩子智力的工具，更应该是亲子交流互动的平台。如果父母不参与其中，就是把孩子扔进"玩具的海洋"，孩子也无法感受暖暖的亲情。孩子面对一大堆玩具，哭闹着说"一个人玩多没有劲！"这就是孩子对"亲子活动"的呼唤。

一

想起了我们那个年代的"亲子游戏"，我似乎又年轻了30岁，回到了自己当爸妈那个年代。那时，女儿刚三岁，她已开始牙牙学语，她坐在我的膝盖上，伸出小手，把手心合在我的手心上，我用另一只手有节奏地拍着小手唱起了儿歌：

一箩麦，两箩麦，

三箩打大麦，

麦子多，麦子好，

磨面做馍馍，

馍馍甜，馍馍香，

宝宝吃了笑哈哈。

女儿一边唱，一边主动地用小手拍打我的大手，笑得脸上像一朵花，嘴也合不上来。孩子就从这个儿歌中明白了：她每天早上吃的馒头是从哪里来的？不是仅仅用钱从商店里买来的那么简单。勤俭节约、爱惜粮食的好品德在这首儿歌中慢慢地扎下根发了芽。

还有首儿歌，女儿一边唱，一边拉着自己的耳朵，一边还捂住自己的小屁股，一边摇头晃脑，欢乐的歌声从她的口中飘出：

两只老虎，

两只老虎，

跑得快，

跑得快，

一只没有耳朵，

一只没有尾巴，

真奇怪！

真奇怪！

当然，我们陪女儿多次去过动物园，在动物园里看老虎，当然没有找到这只没有耳朵没有尾巴的老虎，这只奇怪的小老虎就在她的心中。

二

"金锁、银锁，

咯嘞嘞一锁。"

我伸出手来，将手心向下，女儿将小手指顶住我的手心，随着"金锁、银锁，咯嘞嘞一锁。"我马上将五个手指捏紧，去抓她的手指，她反应极快，调皮地将手指缩了回去，我和孩子笑得人仰马翻。

每逢星期天，我们会邀请周围邻居的小朋友来我家玩，几个小朋友经常为我家唯一的一个布娃娃抢着玩，谁也不肯让谁。这时，我会教他们来玩"剪刀、石头、布"。我告诉他们："拳头是石头，食指加中指是剪刀，手掌是布，石头可以砸剪刀，剪刀可以剪布，布可以包住石头。"谁赢可以谁先玩，每个小朋友在家里都是独生子女，但在"剪刀石头布"面前，人人平等。所以，剪刀石头布是孩子心中的法官，不管她们碰到了什么矛盾，有了这个游戏，一切问题都应刃而解了。

女儿最喜欢与我玩"猜猜我的小手指"，她用左手捂住自己右手的五只手指，露出自己五只手指尖尖，她调皮地把五只手指顺序打乱，让我来找她中间的那只手指。有时候，我与女儿的角色互换，我把自己的五只手指让女儿来抓。赢了，她刮我的鼻子。输了，她的鼻子我会轻轻地捏她一下。

每逢下雨天，孩子喜欢唱着"落雨了，打烊了，小八腊子开会了！"的儿歌，约邻居小朋友在大楼里玩"躲猫猫"，一个小朋友把眼睛捂住，其他小朋友都躲得无影无踪，有的小朋友躲在楼梯口，有的小朋友躲进家里的大橱内，找了半天，连个人影也找不到。慢慢地，大家建立了游戏规则，只能躲在走道楼梯，不能藏到自己的家里。

三

女儿一天天长大了，进幼儿园了，进小学了，她有许多小伙伴，三五成群，围成一个圈，一边唱，一边跳，玩起了"找朋友"，

"找呀找呀找，

找到一个好朋友，

敬个礼呀，

笑嘻嘻呀，

握握手呀，

拉起手来跳舞，

找呀找呀找，

找到一个好朋友，

敬个礼呀，

笑嘻嘻呀，

握握手呀，

我们都是好朋友。"

女孩子都喜欢跳橡皮筋，三四个小朋友为一组，一边唱，一边跳，妈妈也参与其中，使孩子们更加兴高采烈。

小朋友，拍皮球，

一拍拍到二十一，

二五六，二五七，

二八二九三十一，

三五六，三五七，

三八三九，四十一……

马兰花，

马兰花，

风吹雨打都不怕，

勤劳的人儿在说话，

请你马上就开花。

孩子一边唱一边跳，常常玩得满头大汗，其运动量不亚于跑步跳绳，女儿的体能得到了很好的锻炼。

女儿最喜欢的游戏是

"笃笃笃，买糖粥，

三斤胡桃四斤壳，

吃侬肉，还侬壳，

张家老伯伯，问侬讨只小黄狗。"

女儿和邻居的小朋友在一起，排好队，蹲下身，我当张家老伯伯，女儿笃笃地"敲门"，用小手拍拍扮装小狗的小朋友的脑袋，小朋友个个都会汪汪地叫起来。一只只小黄狗经过女儿的挑选，被编入她的队伍。

"老鹰捉小鸡"是我们小区小朋友经常玩的游戏，我担当老母鸡，女儿和她的伙伴们都是小鸡，大家轮流担任老鹰，一只只小鸡相互拉着前面小朋友的衣服，相互追逐着，老鹰冲进鸡群，终于逮住了一只小鸡……

三十年过去了，我的女儿已经长大，她自己已成为一个男孩的妈妈，过去玩过的游戏已成为美好的回忆。我多么希望她有时间能与孩子玩玩从前的游戏，让今天的孩子也能享受当年的幸福，体验母子之间美好的亲情。

第❿课
感受比物质更可贵的奖励

我的外孙在"亚太杯"上海赛区决赛和"小机灵杯"奥数竞赛中获得了二等奖,我没有给他买什么奖品,而是写了一封信,向他表示祝贺。这封贺信对他来说,比任何奖品更终身难忘。信的内容是这样的:

犊犊,

你好!

昨晚从你妈妈微信中得知:你在"亚太杯"上海赛区决赛和"小机灵"杯奥数竞赛中获得了二等奖。我们为你高兴,我们向你祝贺!

我很欣赏你对数学的兴趣和热爱,而对你所获得的奖项等级我们并不特别在乎。因为学习并不是为了竞赛,竞赛难免总会有输赢,世上不可能有"常胜将军"。今天就是拿了第一名,并不意味着你将来永远立于不败之地。如果今天你输了,只要再接再厉,继续努力,胜利终究是属于你的,因为成功是属于在失败面前坚韧不拔的强者。

有兴趣就会有追求,有兴趣就会有目标,兴趣会引导你走向成功，因为兴趣是你学习的最好的老师。今天的兴趣有可能成为你将来终身的职业与追求，人生最大的幸福就是从事自己最有兴趣的专业，并最有希望在自己有兴趣的专业领域里有所发现、有所发明、有所创造。

当然，人生的道路还很漫长，对你来说，小学四年级仅仅是刚刚起步。人生将会有多少知识等待你去学习？将会有多少场考试、竞赛去面对？今天学习的每一门功课，都是为了将来的发展打下基础。每个人都是自己美好未来的建筑师，每个人都在为自己的未来建造一幢高楼大厦，这幢大厦的高度，决定于你今天的地基打得是否扎实？小学学习便是这座大厦基础的基础。据我所知，在小学各门学科中，数学是你的强项，语文相对来说是你的弱项。在这里，我想告诉你，你完全有对数学感兴趣的权利，但没有认为"语文不重要，可以不感兴趣"的半点理由。举一个通俗的例子：语文与数学这两门学科，如同我们每天走路的两条腿，文科与理科只有齐头并进，才能相得益彰。数学是人类的思维体操，体操不能没有音乐的伴随，这音乐便是我们现在学习的人文科学。当然，不管学数学也好，学语文也好，都会碰到困难。这使我想起了马克思的一句名言：在科学的道路上，是没有平坦大道可走的，只有在崎岖小路的攀登上不畏劳苦的人，才有希望到达光辉的顶点。陈景润便是在这条崎岖小路的攀登上不畏劳苦的中国数学家，他为了采摘数学皇冠上的明珠，为了完成他的"哥达巴哈猜想"，当年在没有电子计算机的困难条件下，他用于数学计算的草稿纸可用几个麻袋来装。当然，今天不管是学习数学还是研究数学，其物质条件虽然要比陈景润年代好多了，但陈景润的刻苦精神在今天还是应该继续发扬的，更是值得你学习的。有了这种精神，还有什么困难不能克服呢？

　　学校已经开学了，学习是紧张的，紧张不等于可以牺牲自己的睡眠时间，学习知识不等于可以排斥每天必要的户外活动和体育锻炼。健康的体魄是学习知识的物质基础，是美好人生幸福的源泉。不管怎么样，每天都要挤一点时间跳跳绳，练练仰卧起坐，让自己的学习生活更加丰富多彩！

　　祝你

　　天天快乐！

你的外公于 2016. 2. 24

第⑪课

做好人生的算术题

犊犊喜欢做算术，有时，他会自己一个人自己给自己出题目。他说："做算术是他的最爱。将来，长大了，要当一名精算师。"

一天，在晚餐桌上，犊犊正大口大口品尝着外婆烧的红烧肉、青菜，口中塞满妈妈炒的意大利炒饭，连声说："好吃！好吃！"吃得津津有味。这时，我望着他脸上天真烂漫的笑容说：

"今天，外公给你做一道算术题，看你行不行。"

"好的。什么题？"他连声应战。

"今年你几岁？"

"10周岁！"他回答得干脆响亮。

"妈妈几岁？外公几岁？"

"妈妈42岁，外公70岁。"

"再过20年，你几岁？你妈妈几岁？我外公几岁？"

"再过20年，呵呵，我30岁了……"

我追问一句："那个时候，30岁了，想象一下，该是什么模样呢?"

"哈哈!该长胡子了,该大学毕业了,可以参加工作了。"

"可以结婚成家了吧?"

"哈哈!也许已经当爸爸了!"

"对!你已经长大成人了。你妈妈呢?"

"妈妈已62岁了,她老了,也许该退休了。"

"那么,外公呢?"

"外公90岁了,成了老寿星了。"

其实,这道算术题还没有完,我说:"如果再加10,再过10年以后,你几岁了?"

"再过10年以后,我该40岁了,像现在的爸妈一样的岁数了。"

"妈妈几岁了?"

"妈妈72岁了,像现在外公外婆的年龄了。"

"外公呢?"

"100岁,成了长寿老人。"

听着犊犊天真可爱的话语,我不禁哈哈大笑:"应该补充一句,如果健在的话,是100岁。上两天,我看到报上报道,上海市老年人口统计显示:本市人口预期寿命为82.29岁,其中男性80.04岁,女性84.59岁。外公不管能活到多少岁,我的心永远不会衰老,心中永远有梦。"

"不过,有一点,你必须明白:你的爸妈是要老的,这是不可抗拒的自然规律,他们不可能陪伴你一辈子,更不可能养活你一辈子。你必须独立，必须早一点自力，自己的事情自己做，不要指望依附于别人，每做一件事都必须对自己负责。我们家庭不允许有'啃老族'，绝对不可能把你培养成'啃老族'"。

犊犊他妈听到这里，似乎若有所思，插进话来说：

"我们每天都在做一道人生的算术题，年龄上天天在做加法。去年，你9岁；今年，你10岁了。人长高了5厘米，知识增加了许多，但责任也必须做加法。去年，你会帮外婆倒垃圾，今年应该学会扫地。将来，你还要学会买菜，烧饭，自己的事情不再依赖大人，这便是责任的加法。"

"妈妈，我弹钢琴，不是年年在做加法吗？4岁时，我开始学钢琴；6岁，考到四级；9岁考到七级；今年10岁，我升九级了。"犊犊如数家珍，脸上充满自豪。

这时，坐在一旁的外婆插话了，她指着窗外盛开的桃花慨叹地说："桃红柳绿的美景，离不开园丁的辛勤与汗水，一份劳动一份果实。每个人的人生好比一年四季，春、夏、秋、冬。你知道，你现在的年龄正处在人生的什么季节？"

"春天。"

"对！春天就是蓬勃的朝气，就是乐观向上的力量。春天是播种的季节，春天是人生最宝贵、最重要的年华。只有抓住春天的每一天，才不会虚度年华。犊犊，努力吧，我们相信你不会辜负这美好的春天，有春天就有未来。"

第12课

学会感恩"金不换"

十月十五日是犊犊十一岁的生日。

生日那天,我们全家都为他庆贺生日。当他的爸妈正要给他送上生日礼物的时候,他却捧着一束鲜花,走到他妈妈跟前,把那束鲜花献给妈妈:"妈妈,你养育了我,你辛苦了!我谢谢你!"妈妈接过孩子的鲜花,她很激动,她把孩子搂在怀里,双眼噙着晶莹的泪花,想到了十一年前的今天,她躺在上海妇婴保健院的病床上,进入待产室已整整24个小时了,为了迎接这个小生命的到来,她熬住疼痛,一整夜没有合上眼睛;为了孩子的健康,她一次次打消了剖腹产的念头,尽管已是大龄产妇,她坚持自然分娩。十一年的日日夜夜,十一年的成长历程,一幕幕在她眼前闪现。她把手搭在孩子的肩膀上,这是一个小小男子汉的肩膀,虽还很稚嫩,却已很有力量,她双手接过孩子这束鲜花,对孩子说了这么一段话:

"孩子,我非常喜欢这束花!这是纯洁的百合花。在这一朵朵盛开着的白百合花中,我闻到了花的芳香,我看到了家庭的希望。孩子,你已长大了,开始懂事了,我很欣慰,你已懂得什么叫感恩。这是一束表达感恩之心的花，但是你必须明白：感恩的内涵是非常丰富的，当然不仅仅是一束鲜花！更让我欣赏的是：在你日常生活每一个细节之中，在你我沟通的话语中，在你的每一声'谢谢'，在你脸蛋上每一抹微笑，我都感受到了你的感恩之心。"

"记得有一天，我下班走进家门，我有点累，我坐在沙发上休息，也许你看到了我的疲惫，是你给我倒了一杯茶，端到了我的跟前……"

"那天在小学门口，我接你放学回家。我见你正背着一只偌大的书包，沉甸甸的，几乎压弯了你的腰，我走上前去，想接过你的书包，但你拒绝了，道理很简单：读书是你自己的事，这是一种可贵的责任心！"

"还有一次，我们一起去逛超市。我们买了满满一推车的日用品和食品。在回家的路上，你把最沉重的米袋，往自己肩上扛，为了减轻我的负担。这一切，我懂，你更懂。"

"你的学习固然非常优秀，但我更欣赏你怀有一颗感恩之心。我希望你不仅对父母、对家庭要有一颗感恩之心，对自然、对地球也应怀一颗感恩之心，对社会、对人民、对老师、对朋友更应有颗感恩之心。因为你的成长，离不开自然提供的阳光和空气，人民是你的衣食父母，老师给了你一把打开知识宝库的钥匙……"

其实，孩子的感恩之心既不是与生俱来，更不是从天而降的。感恩之心需要父母从小培养，从细节做起。有的家长对孩子说:"我要给你买最名贵的衣服,给你买你最喜欢的玩具,让你过最舒适的生活,让你进最好的贵族学校。"如果这样的孩子拥有最富裕的家庭物质生活条件,享受着最优越的奢侈的物质生活,但他不知道父母的艰辛,更不明白家庭的一切都来之不易。这样的孩子在生活中,不可能懂得勤俭节约,对父母、对家庭不可能有一颗感恩之心。

有这样一个家庭:孩子的爸爸是个汽车驾驶员,每月收入不高,妈妈给人家做钟点工。但他们对孩子却有求必应,宠爱有加。他们认为:再苦也不能苦孩子,再穷也只能穷自己。一天放学,他家孩子到邻桌同学家去做功课,一进门,他几乎无法相信自己的眼睛!站在他面前那个钟点工,在他同学家里拖地板、擦玻璃窗的不是别人,正是他妈!面对正在千辛万苦干活的母亲,他竟视而不见,更没有勇气喊一声"妈"!晚上,当他回到自己的家,他不但没有一点内疚和惭愧,竟对着自己的母亲大发雷霆:"丢脸!丢脸!你叫我的脸往哪里放"?

其实,父母的辛劳,家庭经济的不富裕,并非是一件不光彩的事。相反,让孩子从小了解父母工作的辛劳,了解家庭的经济真实状况,却是培养孩子家庭责任心、让孩子从小拥有感恩之心的最好教材。"穷人孩子早当家"。在艰苦的家庭环境里,可以锤炼孩子"穷则思变"的志气和意志,更能理解父母对他的期望和确立自己的理想和目标,更能培养克勤克俭的生活作风和对父母的感恩之心。感恩之心"金不换",感恩之心不是靠金钱堆出来的。

让孩子了解父母的职业，让孩子理解父母的辛劳，让孩子牢记父母的期望，让孩子感恩父母的关爱。很多家长给孩子报了很多班，补了很多课，唯独少了这么重要的一课。其实，生活就是一个大课堂，感恩是人生第一课。

后 记

家庭教育的微言大义

今年春节，我和我的老伴告别共同生活了十年"三代同堂"的大家庭，关闭了"老饭店"，离开了朝夕相处的小外孙犊犊，来到了南方城市。这意味着我这十年的祖辈教育将告一段落，从以往"亲子教育为主，祖辈教育为辅"的互补模式将走向"亲子独立教育"模式。

春节那天，小外孙犊犊通过微信向我们拜年，在我的手机上，我看到他脸上带着微笑，双手作揖，彬彬有礼，我感到，孩子真的已经长大了，应该独立了。第二天，他的拜年照片被朋友圈传开了，很多微信群里的朋友纷纷发出惊叹：犊犊长得这么高了？已是一个帅小伙子！是呀，他已经十周岁了，我退休整整十年，也是全身心投入祖辈教育的十年。这十年时间哪里去了？从他的成长，我看到了时间的力量。在他成长的轨迹中，我们看到了自己辛勤的汗水，看到了全家合作教育的成果。

回顾这十年，是在我人生长河中，幸福指数最高，最有成就感，享受天伦之乐的十年；这十年，也是我人生第一次涉足祖辈教育，从一个父亲角色转换为外公角色的十年；这十年，更是我跨越代沟，努力让让祖辈教育服务于亲子教育，形成教育合力的十年。

今天，我虽已步入老年，但我没有忘记自己的学生时代，我有过自己快乐的童年，我有着四十年的教龄，我对学校教育和家庭教育有着难以割舍的情结。我对教育有追求、有思考、有向往。然而，当我的小外孙第一次背上书包，走进小学，我迷茫了。面对学校教育难以承受的压力而深感困惑；当我面对我的外孙背着沉甸甸的书包，顶着夜晚的星星放学回到家中，我心中甚至感到非常痛苦。每当他为了完成最后一门作业，常常晚上十点还不能上床睡觉，我真恨不得替他代笔，甚至希望老师能手下留情。所以可以这么说，这十年，对孩子来说，是逐渐远离快乐的童年，走向题海，承受升学压力的十年；这十年，对我女儿来说，是从淡定的心态，逐渐被全社会的焦虑和功利吞没的十年；这十年，为了孩子健康成长，全家在考试压力的夹缝中为孩子寻求一片没"雾霾蓝天"的十年。

犊犊已是小学四年级的学生了。在现代学校的制度下，考试压力正在把他锻造成在题海中不会沉没，在考试压力下，毫不畏惧的应试机器。我不知道这是值得庆幸引以为豪，还是教育的悲哀？个人的力量毕竟是微不足道的。面对汹涌而来的应试教育的巨浪，我无法躲避，更无力违抗，唯一的策略是营造一个宽松快乐的家庭小环境，让孩子感受生活是丰富多彩的，除了上学之外，还可以唱唱歌，弹弹琴，下下围棋，踢踢足球,他钢琴弹得很棒,围棋在班上小有名气。读教科书固然重要,但读点闲书、杂书同样也是一种学习。十年来,犊犊他读了至少约1 000本课外书。我们就是在应试教育的夹缝里求宽松,在学校沉重的学习压力下给孩子一点快乐,在祖辈教育和亲子教育两代人的碰撞中寻求一种合力。所以这十年,又是祖辈教育与亲子教育不断磨合互补的十年。

看今天社会,这十年,祖辈参与养育"第三代"比例逐年上升。祖辈教育已成为城市、农村的一种社会现象,亲情高于一切,家庭责任重于泰山。为什么全社会竟有百分之九十的老人卷入祖辈教育洪流?原因也许就在这里。这十年,有的老人把养育"第三代"作为一种荣耀,有的把他当作一种责任,有的却成为一种额外负担。十年来,我们的老人起早摸黑,千辛万苦,却把孩子给宠坏了,有的甚至把自己已经成家立业的儿女也宠坏了,把年轻的父母最起码的"父母责任心"也宠光光了,让祖辈教育替代了亲子教育。让子女成了"只生不养,养而不教"的"甩手父母",让孩子成为远离父母亲情的留守儿童。亲情虽然无价,但亲情不应该只有祖辈教育,教育毕竟离不开基本原则,教育不能没有正确的教育观念和教育方法。亲情虽然无价,但祖孙之情无法替代亲子之情,"隔代亲"难以弥补孩子对母爱的精神需求。当我们走进千家万户,祖辈如何养第三代?怎样教第三代?却是千姿百态五花八门。祖辈包揽孩子吃喝拉撒的有,祖辈教育替代亲子教育的更有,有的祖辈带孙辈其乐无穷,有的祖辈却无可奈何,甚至向儿女打官司索取"育孙费"的也有。孩子终将长大成人，这是不可抗拒的规律。农村中的留守儿童在祖辈的养育下，也同样会长大，然而，祖辈教养出来的孩子能否成为现代社会所需要的人才？这是全社会所应关注的。根据我的调查：单纯由祖辈养育长大的孩子，其生活习惯和学习习惯无疑是存在很大问题的。

回顾祖辈教育这十年，我看到祖辈教育的利，也更关注它的弊。究竟是利大于弊？还是弊大于利？如果从有利于孩子健康成长的角度，有利于家庭的和谐，从预防家庭中父母家庭责任感缺失的高度，我们更不应该忽视祖辈教育给家庭带来的弊端。祖辈教育不应该成为某些"啃老族"父母无限制剥夺老人体力和财力的正当理由，祖辈教育不应该成为老人失去自我、无法自拔的陷阱。祖辈教育终将随着社会发展而逐步淡化，老人养育"第三代"不应该成为他们晚年生活的唯一内容。

回顾祖辈教育这十年，使我清醒地认识到：祖辈教育在家庭教育中肯定有"保质期"，有效期最多只有十年！十年后的祖辈教育已难以满足孩子的成长需要，过了保质期的祖辈教育对孩子的健康成长有害无益。十年后，我退出祖辈教育，是孩子独立的需求，更是我们老人生活回归的需求。

回顾祖辈教育十年，我呼吁年轻的父母：祖辈教育毕竟是权宜之计，祖辈总将退出家庭教育。老人的资源是有限的，老人的精力更是有限的，所以老人对"第三代"的养育不可能是无限的。祖辈教育的退出是教育的规律，是历史的必然。年轻的父母不管工作压力再大，事业再忙，养儿育女，责无旁贷。

为了下一代健康成长，勇于担当，挑起亲子教育的重任。

回顾祖辈教育十年，展望亲子教育未来，我充满信心，如同对我的女儿、女婿和小外孙一样。家庭的延续，文化的传承，希望寄托在他们身上。在这新年之际，我祝愿太阳底下的孩子的爸妈，家庭、事业双肩挑，孩子健康又快乐，幸福生活万年长。

致谢：《乐老师的家庭微教育》内页插图由上海市本溪路幼儿园提供，指导老师：马秀磊，插图小作者分别是：樊悦扬（第1页），应佳萱（第14、44、79、109、119、130、134、171页），冯煦和（第20、36、145页），蒋若凡（第47、87、186页），邹晨阳（第51页），张子宇（第56页），钱志杰（第67、86、163、195页），张雅童（第71、215页），翁明灿（第75页），翁义斌（第83页），扬振宇（第123页），蒋梓涵（第140页），许博渊（第208页），周瑞（第220页）。

2017年3月